小さな会社こそ新卒をとりなさい

学生が思わず入社したくなる人材採用戦略

RIGHTING BOOKS

もくじ

まえがき

どんな小さな会社でも新卒大学生は採用できる！　12
学生の目を中小企業に向かせよう　13
大学就職課の意識に変化の兆しあり　15
新卒マーケットに参戦せよ　18
■社長の大胆な戦略実行で成功した実例■
「多くの新卒を3年以上定着させたコンピュータ会社」　20
10年後を見越した採用活動をせよ　26
人材獲得には演出が必要　29

第1章　新卒採用をあきらめるな！

中小企業の深刻な人材不足　34

それでも新卒を採れる理由　36
大手の選考に漏れる学生を狙え　39

第2章　新卒と中途採用の違い
経験やスキル　44
年齢　45
志望動機　45
採用方法の違い　47

第3章　新卒採用4つのメリットとは
4つのメリット　52
■企業のイメージアップの実例■
「新卒が入社したと市内で噂になった千葉県のホテル」　56
重要な仕事は誰に任せるべきか？　60

信頼できる社員を育てるには時間がかかる　62
新卒採用を真剣に行わず失敗した社長さん　64
世の中には素晴らしい学生がたくさんいる！　66

第4章　自社への受入準備と採用情報の出し方

新卒の定着率が8割を超えた会社　70
まずは学生の動きを知ろう　72
インターンシップは中小企業にとって最大のチャンス　76
（1）具体的な準備と予算
①前段階での準備
人材の将来展望を計画せよ　78
待遇や就業規則の見直し　78
入社案内パンフレットを作れ　79
②リモート面接のコツ　82

（2）効果的な採用情報の出し方
①ネットの就活サイト　85
検索結果50社以内をめざそう　85
学生が検索するワードとは　88
②たかが求人票、されど求人票　91

第5章　インターンシップで新卒採用を成功させよう！

インターンシップ開催は標準である　96
ネット広告を工夫せよ　97
準備段階での注意事項　98
学生たちの本音、こっそりお教えします　102
■社長の思いで採用に成功した実例①■　103
「新卒への手厚い教育体制をアピールしたタクシー会社」

■社長の思いで採用に成功した実例②■ 107
「無医村で開業に成功した調剤薬局」
おすすめのプログラム 112
学生目線を知れ！ 113
■インターンシップに成功した実例①■ 115
「ランチタイムをとことん活用し、自社アピールしたホテル」
■インターンシップに成功した実例②■ 120
「工場見学にて入念な準備とリハーサルをした建築材料メーカー」

自社のアピールポイントは？ 123

第6章　学生が思わず入社したくなる選考プロセス
（1）説明会
インターンシップ＝会社説明会と心得よ 128
長すぎる話はＮＧ 130

社長が出るべきタイミングとは　131
■説明会で学生の心をつかんだ実例■
「育休制度がないのに、女子社員が長年の勤務を希望する広告会社」　134
（2）採用試験・面接
大企業とは違う選択眼で学生を選べ！　138
自社を惚れ込ませよ　141
（3）入社後のフォロー
採用終了後も気を抜くべからず　141
新人研修を外注せよ　142
社員全員へアンケートを実施せよ　144

第7章　今どき大学生の特徴・攻略方法を知る

学生の８０％が未熟な２１歳である　148
採用のミスマッチが起こる理由　150

あとがき

今どき学生たちは素直 151
パッケージ化された学生たち 152
現代の学生の特徴 153
ペーパー試験で見抜けない部分 156
移り変わりの激しい人材採用市場 159
学生と企業の出会いをプロデュース 160

まえがき

どんな小さな会社でも新卒は採用できる！

この本を手に取ってくださったあなた！

そう、あなたです。今から、あなたのことを推理します。

あなたは、もしや……他にまねのできないサービスで世の中を明るく照らしている中堅企業の人事担当のかたでしょうか？

それとも、数名の従業員と共にキラリと光る技術で社会に貢献していらっしゃる小さな企業の社長さんでしょうか？

このタイトルに目を止めて下さったということは、おそらく自社の人手不足、あるいは人材採用がうまくいかないと悩んでいらっしゃることとお察しいたします。

そんなあなたに、まず最初に一言だけお伝えしたいことがあります。

――ご安心下さい。どんなに小さな企業でも、新卒の大学生を採用することは可能です。この本には、そのためのノウハウがぎっしりとつまっています――

その証拠に新卒採用を専門とする会社を長年経営している私が、お付き合いさせていただいているクライアントの中小企業はどこも、大学生の採用に成功しています。

そして、新卒大学生の採用をステップに、さらなる事業の発展やよりよい社内風土の醸成につなげているのです。

世界中が機能不全に陥ったようなコロナ禍の時代でも、あらたに新卒大学生の採用に成功された企業もあります。

この本は、このような数々の成功事例を元に導き出した新卒大学生採用のノウハウをわかりやすくまとめております。

私が、人材採用コンサルティング歴４０年で得た知識や情報、アイデアなどを惜しみなくお伝えします。

本書が人手不足でお悩みの企業様や、どうやって新卒を採用すればわからないと困っておられる皆様の役に立つ一冊となることを願っています。

学生の目を中小企業に向かせよう

ところで、なぜ私が人材採用のノウハウを本にまとめて、広く一般に公開してしまおうと思ったのか。

それは、日本津々浦々で社会を支えている小さな会社に、輝いていて欲しいからです。日本の総企業数のうちじつに99・7%を占めているのが中小企業です。万が一、中小企業の元気がなくなれば、日本は終わりです。

私がこの本を執筆した第一の理由はそこにあります。

さらに常日頃、思っていることがあります。

学生の「目」をもっと中小企業に向けたいということです。

従業員が30名以下の小さな企業であるにもかかわらず、創立10年、20年と会社を継続している企業は「すごい!」のひとことです。

なぜなら、知名度で業界の中で売っているわけではなく、人材採用力が突出しているわけでもありません。資金力にも限界があるでしょう。

大変失礼な言い方であることを先にお詫びします。

小さな会社は、いわば「知名度・採用力・資金力」のいずれも大手に引けを取るという三重苦があります。

にもかかわらず、長年、経営を続けていらっしゃるのは、本当にすごいことです。

ぜひ自社を誇っていただきたいと思います。

言い換えれば、その企業がいかに世の中から信用されているか、の裏返しでもあるのですから。

なにをかくそう、私自身、小さな会社を経営しております。ですから、その舵取りの難しさは身にしみてわかっております。

規模の大小にかかわらず、すばらしい企業が日本にはたくさんあるのに、新卒たちの就職候補先に入ってこないのは、企業だけでなく学生たちにとっても大きな機会損失です。

大学就職課の意識に変化の兆しあり

現在、中小企業の採用と言えば、大部分を中途採用の人材が占めています。

もちろん、それが悪いわけではありません。

ただ、私としては、中小企業における新卒採用と中途採用の割合が5割ずつになって欲しいと願っています。

そうすれば、日本社会全体がエネルギッシュになり、あらゆる市場が活況を帯びるでしょう。

5割が難しいとしても、中小企業における新卒採用の割合が2割になるだけでも、世の中はかなり変わるはずです。

そのような思いを強くするきっかけとなったのは、ある大学の就職課での会話でした。

じつは私は、複数の大学で就活に関する講師を約20年間続けていました。学生たちにリアルな就活事情や、どのように就職活動を進めればよいのかを教えました。

ある時、神奈川県にある某中堅大学に出かける機会がありました。

その大学で、各学部の就職課をとりまとめている総合キャリアセンター長、就職本部長とお話した時のこと、ふと本部長がある疑念を呈されたのです。

「学生は、こちらが静観していると、有名な会社にばかり行ってしまいます。

私達の大学は、その風潮をよしとはしません。せっかく日本にはすばらしい優良中小企業がたくさんあるのだから、しっかり探してみろと言いたい。自分の目を見開いて探してみろと。その結果、大手にいくならそれでもいいのですが、今のように最初から猫も杓子も大手、というような風潮は〝否〟としたいのです」

その言葉を聞いた時、まさに「我が意を得たり！」でした。

企業側だけではなかったのです。

大学内部からも、今の偏った就職戦線に疑問の声が上がっていたのです。

しかも、この大学だけではありません。

いくつかの大学を回っている時に感じたことなのですが、同じように考える大学は少なくなかったのです。

それはなぜか？

私は考えました。

そうして見えてきた結論は〝新卒の高い離職率〟こそが原因ではないかということです。

新卒マーケットに参戦せよ

ご存知のかたも多いかもしれませんが、じつに新卒のうち3年以内に1／3もの人が、せっかく入社した企業を辞めてしまっています。

しかも、十数年以上もの長きに渡り、その傾向はずっと続いています。

こうした現状は、企業にも学生本人にとっても不幸ですし、大学のキャリアセンター側からすれば、企業に迷惑を掛けていると忸怩《じくじ》たる思いに苛まれるのも当然のことだと言えるでしょう。

学生をおくり出す大学側としては、このような現状を黙認したくない、という意識が強まっているのだと思われます。

だからこそ学生の大手志向に「待った」をかけ、学生の視野を大手以外にも広げることで、よりよい仕事とのマッチングを促そうとしているのです。

これは中小企業にとっては、またとないチャンスです。今こそ、「我こそは！」と思わん中小企業の経営者のかたは名乗りをあげて、この新卒採用マーケットに参戦するべきです。

中小企業の理想の採用割合

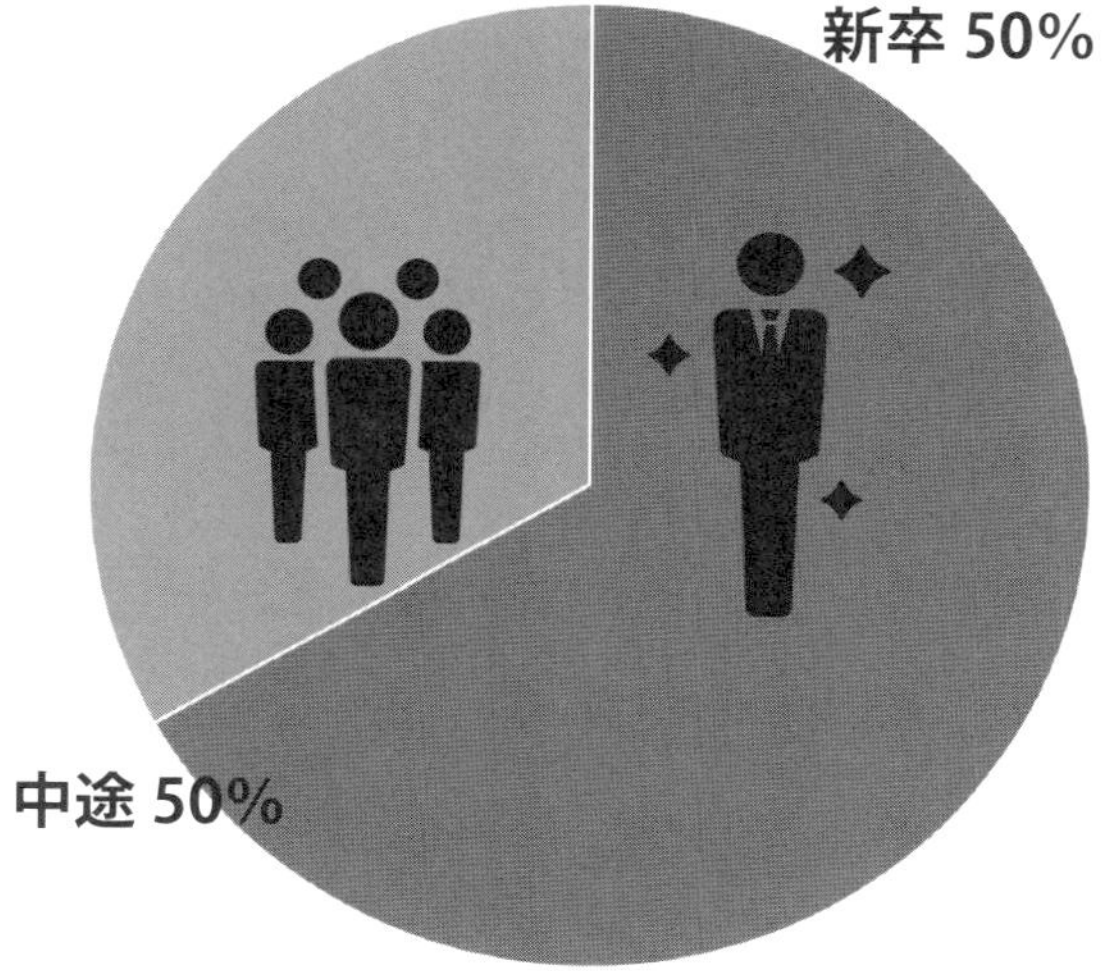

新卒学生が離職する期間

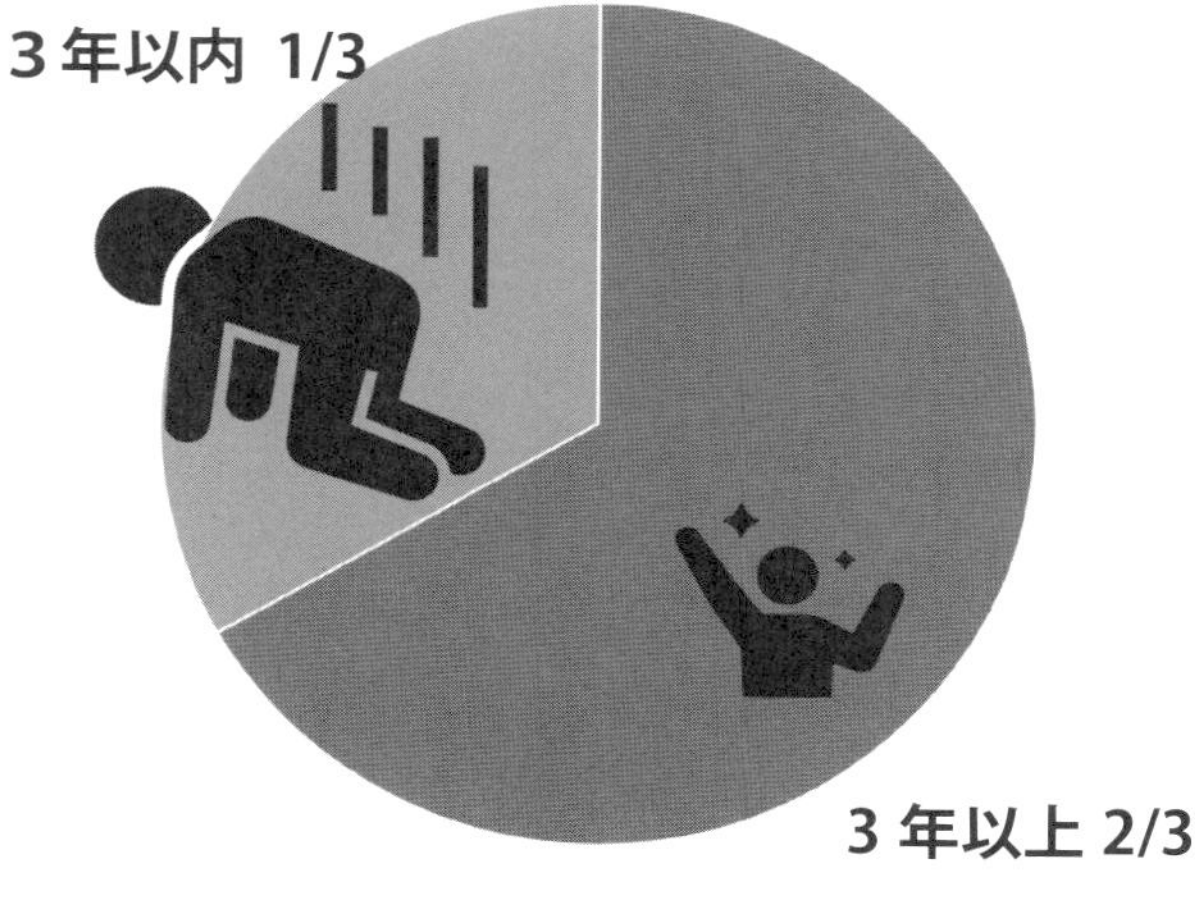

ただし、戦略は必要です。

大手企業相手にただ普通に戦ったら負けてしまいます。

やみくもに刀を抜いて参戦するのは考えものです。

智謀と戦略に長けた南北朝の楠木正成のように、かの徳川軍から二度に渡って城を守り抜いた真田昌幸のように、深慮遠謀あってしかるべきです。

そこを補うのが本書です。

いわばこの本は、人材採用に悩む皆様の懐刀。

この中から、御社に合った人材採用に関する智謀と戦略を1つでも2つでも見出していただければ、コンサルタント冥利に尽きるというものです。

さっそく実例をひとつご紹介します。

■■社長の大胆な戦略実行で成功した実例■■

「多くの新卒を3年以上定着させたコンピュータ会社」

十数年前のことです。

当時、社員数30人のコンピュータ会社の中途採用のお手伝いをしていたのですが、社長はずっと「新卒を取りたい」とおっしゃっていました。理由をたずねたところ、過去に何度か紹介を通じて、入社してきた新卒の印象がとてもよかったというのです。

とくに若くてエネルギッシュである点や、教えればすぐ覚えるといったメリットを感じられたそうです。

ただ残念なことに新卒で入ってきても3年ほど経つとやめてしまう状態でした。当時はコンピュータ業界が急成長期で、コンピュータの知識を持った人材は引く手あまたという社会状況がありました。

「やっと仕事覚えた」と社長が喜んでいると、「もっと給料高いところで働きたい」とか、「有名な会社に転職したい」との理由で辞めていく新卒人材が多かったのです。

その時、私は社長と話しをしていて、ふとアイデアを思い付きました。

しかし、そのアイデアは普通に提案すれば、即却下されてしまいそうな大胆なものでした。

そこで私は、社長に、こんなふうに切り出したのです。

「仮定の話ですが、ここで働いていたA君という人材が3年経ったところで転職し、他社で働き始めたとします」

いきなり傷に触れられた社長は、面白くないといった表情です。

しかし私は臆せず続けました。

「ところが、新しい会社で1カ月働いてみたところ、『やはり、もといた会社のほうが社風もよかったし、上司や先輩たちも優しかったので戻りたい。ぜひもう一度ここでやらせてください』と言ってきたら、再び採用しますか？」

とたずねたのです。すると、社長は
「あたりまえだろう。よろこんで採用するに決まっている」と、一言。

私はニンマリ笑って、

「社長、それで行きましょう」と言ったのです。

「……」先方の社長は、あっけに取られた表情です。

アイデアは大成功、それだけでは終わらず、私はこう切り出しました。

「新卒向けのアピールポイントとして、『入社後、3年経ったら1カ月の休暇を付与する』と書くのです」

社長は「1カ月の休暇だなんて、とんでもない」と、おかんむりです。

そこで私は言いました。

「辞めた人が帰ってきたと思ったらいいんですよ。現に先ほど社長は一度辞めて1カ月後に戻ってきたA君を再び採用するとおっしゃってましたよね。1カ月の休暇を与えるのも同じことです。新卒採用して、3年たったら一度辞めたものとみなし、1カ月休暇あげましょう。社長、それくらいやらないと継続する新卒は取れません」

私のこの話の展開に社長はうなりました。しばらく社内で相談し、一転して「やる！」となったのです。

この休暇を私は入社3年目の「ステップ休暇」と名付けました。

いわば、入社3年目に人生のワンステップを踏もうという意味のネーミング

戦略が大事

新卒学生採用会ギ
新卒採用には 戦略が 大切だ
ナルホドゥ!!
さすが 部長
おっ!! やる気だなー
うーん 戦略か…
本でも 読んで 勉強 するか!
何か みつけたか?
こ…これだ
!
戦略 Book
これで 勝てる!!
って… これ、ゲームの 攻略本やないかー
戦略 Book
部長 勝てます!
オレ、ムテキ

です。

当時の募集広告にこのようなことを書いたと記憶しています。

「入社3年目に1カ月のステップ休暇……誰でも3年働けば、コンピュータのイロハは覚えます。そこで一度、立ち止まって、自分の人生と向き合う時間を差し上げます。休暇の期間は1カ月、リュックを背負って世界一周するもよし、お金をためてハワイやヨーロッパに行くもよし、車の免許を取得しにいくもよし……」

このアイデアの狙いは、若者ウケとインパクトです。

大手のコンピュータ会社に応募しようとネットを見ていて、「1カ月の休暇」と書いてあれば、絶対に目に止まります。

もちろんこの広告は大成功で、かなりの応募者が集まりました。

ただ、このアイデアには後日譚があります。

実際に運用を始める段になって、会社の上層部が再度悩み始めたのです。

それはすでに入社している先輩社員とのバランスで、新卒だけが優遇されてしまっては、問題になるのではないだろうかという懸念がもちあがったのです。

そこで私は、初年度と2年目の有給休暇を利用して、ステップ休暇を付与することを提案しました。それで会社の上層部も納得し、社内を説得して実現の運びとなったのです。

その結果、この会社がどうなったと思いますか?

最初は社員数25名ほどだった会社が、なんと最終的には社員300名を抱える企業へと急成長したのです。


大手企業であれば、特に仕掛けなどしなくても学生は集まりますが、この実例のように、小さな企業としては、このタイミングでいかに学生に好印象を与えることができるかが、重要なポイントです。

人と人との出会いと一緒で、企業にとって第一印象はとても大切なのです。

10年後を見越した採用活動をせよ

「10年後を見越した採用活動をせよ」と言われても、ピンとこないかもしれませんので簡単に説明しておきます。

国内の少子化がますます進む中で、若手の労働力が減りつつあります。

この先、若手でコミュニケーションがしっかりとれる人材が、企業間で奪い合いとなることが容易に予想されます。

政府は外国人労働者の受け入れを検討していますが、法律の整備などまだまだ時間がかかりそうです。

外国人労働者が一般的になってくるのは、まだ先のことだと予想しています。

しかも、私が担当させていただいている企業は、人と人とのコミュニケーションが重要な職種ばかり。日本人と同等のコミュニケーションスキルを外国人労働者に求めるのは、難しいと言わざるを得ません。

今、担当させていただいているクライアント企業はどこも10年後の人材不足を見越して、「今こそ新卒募集を行うタイミング！」とすでに動いておられます。

10年たてば、今の新卒も立派な戦力。10年先を見すえて動くメリットは少なくありません。

では、なぜ新卒なのか。中途採用で充分ではないかとお考えの方も多いかと思います。

じっさいに私がこれまで担当してきた企業の方々は、初めてご挨拶にうかがうと、みなさん口をそろえておっしゃいます。

「これまで新卒採用実績がないから、難しい」

「うちには大卒なんて来てくれない」

中小企業のご苦労がしのばれます。人材採用コンサルタントの闘志に火が付く瞬間でもあります。なんとかして、お力になりたいと強く思います。

なぜなら、私たちがサポートさせていただき、新卒の採用という実績を目の当たりにされたときの企業様は一様に大変喜んでくださるからです。

それればかりか「ぜひ来年以降も採用したい」とおっしゃいます。

新卒を一度採用すると、次も採用したくなる——その理由に関しては、本文の中でしっかりとご説明してまいります。

ぜひ、この新卒採用ノウハウを多くの中小企業の皆様に知っていただきたい。

そして、10年後の皆様の会社の繁栄にぜひとも役立てていただきたいと思います。

人材獲得には演出が必要

さて、ここで少しだけ自己紹介をさせてください。

私は、大学卒業後、リクルートに入社し、求人広告をつくっていました。営業マンとして、幾度か表彰を受けたこともあります。

しかし、リクルートで働くうちに、広告で人材を集める以上に重要なことがあることに気づきました。

それは、人材広告を出している企業に対して〝本気の応募者とそうでない応募者が混在する〟ことです。

たとえ広告で100名が集まっても1人も入社してくれなければ、全く意味がありません。

〝入社する意志を持って〟選考に来てくれる応募者が必要なのです。

そこが採用における知名度のある大手企業と中小企業の大きな差となります。

大手はそもそも入りたくて応募してきているのですから、企業側が人材を選ぶだけで事足ります。

しかし、小さな企業はそうではありません。

最初に接触した時点では、応募者は「ここは、どんな会社だろうか？」と、いった興味を持っているにすぎません。そこから「この会社に来てよかった。この会社に入りたい」というレベルにまで応募者の気持ちを変化させねばならないのです。

私はリクルートで、1日に数本以上の求人広告を作りながら、中小企業が人材を得るためには〝演出〟が必要なのだと悟りました。そして、そのことに気づいて独立し、中小企業の応援にまわることを決意したのです。

大手の求人広告は作るだけで人が集まります。

しかし中小企業のそれには戦略と知恵が必要です。

どちらにやりがいがあるかと問われれば、答えは明白です。

以来今日に至るまで、私は中小企業が自社にふさわしい優れた人材を獲得するための研究を専門に行ってきました。

業種、業界も問いません。

どのような企業に対しても、最善のやり方で応募者を増やせば、その結果、最適な人材をマッチングできる可能性が高まります。

もちろん業種や条件によっては、厳しい採用となるケースもあります。

具体的には、大手志向の強い大学生の目を中小企業に向け、そこから「ぜひともこの会社で働きたい」と思えるようなインターンシップのやり方、説明会、選考会の運営、さらには入社後の社員教育まで、人事採用についてトータルでサポートさせていただいています。

実際、中小企業の社長様からは「こんなやり方、見たことがない」と感嘆されます。アイデア勝負の人事採用コンサルタントにとっては、これ以上ないお褒めの言葉だと自負しております。

普通のやり方をしていては、大手企業に良い人材を取っていかれますから、そこを知恵と工夫で自社の魅力に気づいてもらうのです。

もちろん私自身が直接サポートできる企業の数には限りがあります。

しかし、こうして長年のノウハウを本にすることにより、さらに多くの中小企業のお役に立てるはずです。

本書は、そのような夢と希望がつまった本なのです。

ぜひ、百戦錬磨の人事採用コンサルタント秘伝のノウハウを御社の人材採用戦略にお役立てください。

第1章　新卒採用をあきらめるな！

中小企業の深刻な人材不足

ご承知のとおり、日本は今、人手不足にみまわれています。

求人の状況を示す際によく用いられる有効求人倍率は、バブル期のピークであった1990年7月につけた有効求人倍率1・46倍という数値を2017年の春に上回って以来、ずっと高い状態が続いていました。

しかし、2019年、中国に端を発した新型コロナウィルスCovid-19の影響があり、2020年の有効求人倍率は1・10倍まで、がくんと下がりました。

ただ、厚生労働省から2022年以降に発表された「一般職業紹介状況」では全業種において顕著な回復基調が見受けられます。

特筆すべきは、特定の業種における新規求人についてです。

宿泊業・飲食サービス業において約50%増、製造業や運輸業・郵便業では2倍以上となるなど著しく増えています。

おそらくコロナ下で控えていた新規採用の分も人材を確保したいという現れかと思います。

しかし、これは企業の規模の大小を問わない包括的なデータです。

２０２１年度版『中小企業白書』に掲載されている以下のグラフ↓をご覧いただくと中小企業の人手不足の現状がよくわかります。

下部ＱＲコードのファイルp81のグラフによると従業員２９９人以下の企業では常に求人数が就職希望者数を上回っております。

さらに同ファイルp82のグラフによると、従業員が２９９人以下の中小企業の求人倍率は、驚くべきことにコロナ下の２０２０年であっても８・６％といった高い水準を保っていたのです。

このように、中小企業にとっては、忙しいのに人が足りないといった辛い状況が続いています。しかも、好景気に支えられての平成バブル時の売り手市場とは異なり、現在の日本市場が抱える人手不足は、どちらかと言うとネガティブな問題に起因しています。

たとえば、少子高齢化、労働人口の減少、雇用のミスマッチや、離職率の高さ等々、こうした問題が複合的に絡み合って求人市場を混乱させているのです。このような現状を考えてみると、人手不足の解消は一朝一夕には叶いそうにありません。

大手企業ですら、人材難に苦しんでいるのですから、中小企業ではなおさら、厳しい状況だと言えるでしょう。

じつに70%以上の中小企業が人材難だと感じているというアンケート結果もあり、新卒採用ともなると、中小企業にとってはさらにハードルが高いと感じられるかもしれません。

そのことを裏打ちするかのように、とある就職情報サービス企業は、ここ数年、中小企業が新卒ではなく中途採用へより一層注力するだろうと分析しています。

それでも新卒を採れる理由

しかし、これまで長年、人材採用を経験してきた中で、「これだけは変わらない」と思うことがあります。

それは、どれだけ学生の大企業志向が強くとも、少なくとも全体の中で約1割の学

どれだけ大企業志向が強くとも、全体のなかで１割の優秀な学生は、自分自身の目で企業を探す！

生は、自分自身の目で企業を見て探そうとしている事実です。

少子化の世の中です。

大学生のうちの1割と言ってもそう数は多くないのでは？　とお考えのかたもいらっしゃるかもしれません。

では、どのくらいの人数になるのでしょうか？

じつは、少子化は進んでいるのですが、そのいっぽうで大学進学率は伸びています。

今、60代以上の社長が大学生だった頃には、4年制大学への進学率は3割を切っていました。

しかし今では全国の高校生のうちなんと半数以上が大学に進学しています。

ですから単純比較すると、1970年代に150万人前後であった大学生の数が、近年では250万人前後と、50年を経て約100万人も増えているのです。（ただしこの数字は、1年生から4年生までの合計人数となっていますので、単純に1／4で計算すると、毎年およそ60万人以上の就活生が社会に飛び込んでくる計算になります）

そのうち、ブランド名などにまどわされず、自分の目で様々な企業を見てやろうという学生が1／10ですから、およそ6万人。

こうなると「新卒なんて採用できない」と、あきらめる必要はないと思えてきませんか？

大手の選考に漏れる学生を狙え

とはいえ、誰もが入れるようになった大学。

その学生の質は、果たしてどうなのかという疑問も当然のことながらわいてくるかもしれません。

お察しのとおり学生の質については、玉石混淆《こんこう》です。知力や学力、やる気なども千差万別。ですから採用する側も学生の見極めが必要となるのです。

しかし、中にはすばらしい人材が混じっていることがあります。

優秀ながら自分の目で企業を探そうと思っている学生などは、その筆頭に挙げられますし、また一般的に一流と言われる大学以外にも、すばらしい人材はいます。

ご存知の方も多いかもしれませんが、大学入試は多様性を極めており、特に私大などでは推薦枠やＡＯ入試で入ってくる学生が増えています。

さらに付属の中学や高校からのエスカレーター式の内部進学というケースもあります。

その一方で、じつは偏差値の高い高校は、一般入試での進学を目指しているため、有名私大の推薦枠を持っていないことが多いのです。

その結果、優秀な高校を卒業したにもかかわらず大学の一般入試で落ちてしまう学生が少なからず存在します。そうした学生が第二志望の中堅大学に進学するケースがあるのです。

しかも、大手企業の採用は、大学名を重視しがちです。

ここだけの話ですが、大手企業はインターンの募集や説明会の応募段階で、大学名で選別をかけています。

つまり優秀な高校を卒業して地頭がいいにもかかわらず、出身大学によって大手の選考から漏れてしまっているという学生たちがいるのです。

偏差値の高い高校出身者は、地頭がよいとも考えられます。

ですから採用時には、大学名だけに注目するのではなく、高校名に注目するのもひとつのポイントなのです。

第2章　新卒と中途採用の違い

経験やスキル

まず中途採用の人材は、企業側から即戦力であることが期待されています。

そして、じっさいに社会で働いた経験がありますから、仕事のスキルはもちろんのこと、社会人としてのマナーや社内でのコミュニケーションのとり方など、働く上でベースとなる基礎的な部分は、できているとみなされます。

ただし、志望した本人は即戦力のつもりでも、会社が求めるレベルとギャップがあるケースも少なくありません。

いくら「以前の職場でトップだった」と胸を張っても、次に入る会社と以前の会社のレベルが違うことなどいくらでもあります。

いっぽう、新卒の場合は即戦力とはなりえません。企業側で、ビジネスマナーや社会人としての心構え等を一から教育する必要があります。

学生たちは、大学でのキャリア教育を受けていたり、アルバイトとして働いた経験はあるかもしれませんが、社会に出て通用するレベルに到達するためには、もう一度会社で仕込みなおす必要があるでしょう。

年齢

中途採用の応募者の場合、下は２０代～上は６０代くらいまで出現します。つまり採用される人の年齢が幅広いことが特徴です。

ですから、企業側としては、どの年齢の応募者を採用するのか、また採用した後、どれくらいの期間働いてもらえるのかといったことも考慮して募集をかける必要があります。

これに対して新卒は、一部既卒者や留学経験者、留年などで１、２歳年齢が上の学生も混じっているかもしれませんが、基本的には２１歳で応募してきて、２２歳で入社というケースがほとんどです。

志望動機

中途採用の場合は、応募者の志望動機、中でも、「第一動機」が人によって異なるのが大きな特徴です。

「第一動機」とは、面接試験などで答える表向きの理由ではなく、応募者が心に秘めた本当の理由です。

お給料を増やしたい、通勤時間を短くしたい、働きがいのある仕事がしたいといった理由や、以前働いていた職場の人間関係の悩み、親の介護、子育て環境の確保、さらには洗剤等で手荒れがひどくてといったアレルギー症状などの、やむにやまれぬ理由もあるかもしれません。

つまり中途採用の応募者の場合、この志望動機が満たされていることが会社選びの第一条件になっていると考えていいでしょう。

これに対して新卒の場合は、企業研究を重ね十分に面接の練習もしてきているので、面接の場では

「優れた製品で社会に貢献している御社の企業理念に……」

などと、もっともらしい理由を語ります。

しかし、じっさいのところは、憧れや会社の知名度、こんな仕事だったらカッコいいかなといった漠然とした志望動機がきっかけである場合が多いのです。

採用方法の違い

中途採用でよく使われる媒体と言えば、今やネットが主流で、その他に新聞広告等の紙媒体も一部存在します。

またハローワークといった公共の職業紹介所の利用、知人や親戚の紹介、企業からスカウトを受けての転職といったケースもあります。

面接から入社までの期間が短いことも特徴です。

面接して合格すれば来月からすぐにでも入社ということは珍しくありません。

早い人なら、いきなり次の週から働き出すなどということもありえます。

新卒採用の場合は、ほぼインターネットが入り口です。

そして就職説明会や入社試験、面接を経ての入社というのが王道のパターンです。

入社までの時間では、早い学生では3月に内定を出して、次の年の4月に入社となりますから、約1年待つことになります。

さらに就活解禁前の夏に行われるインターンシップを含めれば、1年半以上もの長

中途採用と新卒採用、それぞれのメリット・デメリットを知ろう！

い時間、入社を待たねばなりません。

新卒と中途採用の違いをまとめます。

中途採用の場合は、即戦力として期待できるのですが、個人の能力差が大きく見極めが重要となります。

採用対象者の年齢も幅広いので、どこをターゲットにするのかといった戦略を練る必要があります。

また採用方法は多種多様で、各企業に合った方法を選ぶことができます。

新卒の場合は、年齢も一律で、採用の時期、採用方法までが横並びです。日数がかかる上に、入社まで1年以上待つ必要があります。また入社後に、社会人としてのスキルやマナーを教育する必要があります。

こうして単純に比較してみると、新卒を採用するメリットがないようにも思われるかもしれません。

しかし、一概にそうとは言えないのです。

その理由を次章で、ご説明してまいりましょう。

第３章　新卒採用４つのメリットとは

4つのメリット

新卒を採用するメリットは大別して4つあります。

第一に、新卒が入ることで、会社の空気が刷新されることです。

じっさいに私がこれまでお手伝いをして、初めて新卒を採用された企業では、新卒が1人入ることで企業風土がガラリと変わったと口を揃えておっしゃいます。

これまで、いかに教育や研修をしたり、社員総会で社長が訓示を述べても、元いた社員たちは「どこ吹く風」といった状態だったのですが、それが新人が入っただけでガラリと変わったそうです。

第二のメリットは、先輩社員たちのスキルアップです。

若手の社員たちは、新卒が入ってきたら仕事や会社のことを教える必要があります。新卒に教えるために先輩若手社員らは、もう一度、自分自身で勉強に取り組む姿勢を見せます。

もちろん先輩社員たちとて、普段は当たり前に仕事をこなしているのですが、人に教えるとなると、さらにもう一段高いところに立って仕事を俯瞰《ふかん》する必要が生まれて

新卒入社の４つのメリット

① 会社の空気が刷新

② 先輩社員たちのスキルアップ

③ 研修や自己研鑽の場づくり

④ 企業のイメージアップ

きます。

じっさいに若手社員たちにとって、会社がこれまで用意していたどの研修よりも後輩の新卒社員を教育するほうが、スキルアップにつながったとの報告を多くの企業から受けています。

新卒を迎え入れるということで、社員の意識がかわるのです。

「何も知らない新卒だから、ここは先輩として丁寧に教えてやらなければいけない」という責任感、そして「うちの会社にも新卒が入ってくるようになった」という誇らしげな気持ちもあると思います。

新しい風を取り入れることで、社内の空気が循環しはじめる、ともいえるでしょう。

第三のメリットとして、会社側にとり、先輩社員たちの研修や自己研鑽の場がつくりやすくなります。

先輩社員たちに対して、研修を設けたり、講習会などに派遣したりといったスキルアップの機会を新入社員を迎え入れるためという理由づけで提供しやすくなります。

あえて、そのような研修の場を設けずとも、たとえば社長が、若手社員と以下のような会話をするだけでも効果があります。

「来月、新卒が入ってくるから、君たちにこういうことを教えたいんだけど」
「今のやり方は？　それじゃだめだ、もう一つレベルあげよう」
「新卒が入ってくるのに、これまでと同じことをやっていたらまずいと思うよ」

こんなふうに、普段と違った一歩踏み込んだコミュニケーションがとれるのも、新卒採用の副次的なメリットです。

第四のメリットは、企業のイメージアップにつながることです。

小さな会社であっても、大手と同じように新卒で社員が入ってくるというのは、その企業に勢いがあるからこそです。

新卒には、社風を一気に変える力があります。

だからこそ、一度新卒を採用すると、新卒採用経験のある企業の社長は「また次年度もぜひ！」となるのです。

新卒を初採用して、如実に変化があった実例をご紹介させていただきましょう。

この例は、とても希望に満ちた展開となりました。どの範囲にどこまでの変化があったのか、ぜひお確かめください。

■■企業のイメージアップの実例■■
「新卒が入社したと市内で噂になった千葉県のホテル」

2年前のことです。

千葉県沿海部にあるホテルがはじめて新卒を採用しました。ホテルの従業員は10名以下と、アットホームな職場です。そのホテルの新卒採用を私どもでコンサルティングさせていただきました。ご承知のとおり、今は人手不足の時代です。

さらにこの案件で採用が難しかった理由は勤務地が地方都市だという点です。場所は、千葉県の東端で太平洋に面した風光明媚なところです。ただ東京都心まで電車で3時間弱と、決して交通の便がいいとは言えません。周辺に大きな市町もなく人材募集に不向きな土地柄です。

ですからどの会社が募集をしても、人が集まらず、中高年すら応募して来ないという状況が多々ありました。

ましてや大卒の応募は、まず見込めません。

たいへん難易度の高い採用であることが予想されました。

そのご依頼いただいた私は、東京で学生を募集することにしました。

ホテルの社長が毎回東京まで上京してくることは難しいので、都内に事務所をかまえている私たちが、社長の代わりとなって募集を行いました。

その時、運良く、実家が勤務地の近くにあるという学生に巡り合うことができたのです。

私はその学生に対して、東京のホテルで働くより、実家から職場のホテルに通えることのメリット、たとえば両親のこと、将来の人生設計なども地元であれば、スムーズに取り組めるのではないかと伝えました。

さらに、新卒の一期生に期待する社長の気持ちをあますところなく伝え、無事に採用に至りました。

じつは彼の他にも数名候補者がいたのですが、総合的に彼の評価がとてもよかったので、地元出身者の採用となったのです。

さて、この実例には「その先」があります。

新入社員となった彼は、さっそく入社直後の4月からフロントに立ち、先輩からマンツーマンで教えを受けていました。

そして新入社員の彼がフロントに立っていると、見慣れない若者に気づいた地元の人が

「あれ、もしかして新人さん？」

と、声をかけてきました。

社長がフレッシュな新卒であることを説明すると、地元の人は驚き、やがて街中の噂になったのです。

もともとそのホテルでは「新卒は教育に時間がかかるから」と隔年採用を考えていました。

採用したら1年間、教育して、また2年後に新卒を採用しようというお考えだったのです。

ところが、「今年新卒が入社した」と市内で噂になったことから、翌年も急遽新卒を募集することになったのです。

私のところに「今年も頼むよ」と電話がかかってきたので、隔年採用の予定だったのになぜですか？　と尋ねたところ、

「うちのホテルに新卒が入ったと、街中で噂になりすごい効果を感じました。かっこ悪くて、今年は募集してません、とは言えなくなってしまって」

と、苦笑交じりにおっしゃっていました。

なんでも社長は、地元の方々から「すごいね」とか「こんないい青年、よく採用できたね。どうやってとったの？」と口々にほめそやされたとのことでした。

これが新卒の持つパワーなのです。

採用された本人も、慣れ親しんだ土地で暮らせることの安心感や、両親に親孝行できるメリットを実感しているようです。

マッチングがとてもうまくいった例で、職場のみならず、本人や地元住民の皆さんにまで喜んでいただけた、まさに会心の採用でした。

重要な仕事は誰に任せるべきか？

さて少子化がますます進行する現在、今後も人手不足の状態が続くと予想されます。するとと各企業ではどのようなことが起こるのでしょうか。

おそらく、誰にでもできる単純労働や、すぐに覚えられる簡単な仕事は、ますますアルバイトや契約社員など非正規に置き換えられるでしょう。外国人の受け入れもさらに進むはずです。

ところが、仕事の中には、すぐには身につかない類の業務があります。たとえば、じっくりと時間をかけることでしか身につかない営業スキルや、おもてなしサービスの真髄、熟練の技術力など。

こうしたテクニックや人間力は、まさにその会社の基幹をなすわけなのですが、このような能力は5年経ってやっと入り口にたどり着き、１０年経ってようやく任せても大丈夫という信用を得られるというように、身につけるまでに時間がかかるものなのです。

重要な仕事をまかせ、信頼にたえうる社員はどこにいるのか？　中途ではなく新卒である。若くして教育をすれば、頭が柔らかく、どんどん吸収していく。

小さくても信頼を積み重ね輝いている会社なら、どこでもそうした重要な業務やスキルというものがあるはずです。

そして、会社の中で、そうした重要な仕事を信頼できる社員に任せることができていれば、小さな会社でも、社会状況の変化にも対応しうる「小さくても強い会社」になれるでしょう。

信頼できる社員を育てるには時間がかかる

では、そういった重要な仕事を任せられ、信頼に耐えうる社員はどこにいるのか？

中途ではありません。やはり新卒なのです。

大学を卒業して２２歳で社会にでる学生を採用すれば、１０年経っても３２歳です。

若くして教育を始めれば、頭も柔らかいですから、教えることはどんどん吸収していきますし、ある程度のキャリアを積んでも、まだまだ伸びしろがある年齢です。

しかも、まっさらな状態で会社に入ってきていますから、会社の企業風土に染まりやすいと言えるでしょう。

若いということはそれだけ未来も時間もあるということです。

一朝一夕に身につけることが難しく、何年、何十年とかけねば身につかない技術やサービスの継承という点では、明らかに新卒に軍配が上がります。

職人さんが作る機械や製品、伝統工芸品といった目に見える物品ばかりではありません。企画力や、営業スキル、独自のサービスなど、次世代へと受け継ぐべき素晴らしい財産はあちこちの中小企業に息づいています。

地方の山奥にある小さな旅館が、すばらしいサービスを提供していて「あの旅館に泊まれるから、時間をかけてでも、あの町に行こう！」と観光客を呼ぶような旅館が日本中にあります。

そういう中小企業に若い人が加わり、そこで学んだものが社会のあちこちに伝播すると日本経済はまだまだ強くなるはずです。

しかし現実問題として、そのような素晴らしい旅館であっても、ベテラン女将が亡くなると旅館自体も立ち行かなくなるケースが少なくありません。

いっぽう、中途採用で40代の人材を採用した場合は、10年経てばすでに50歳、定年のタイムリミットがちらつく年齢となってしまいます。

たとえば、高齢の人にいきなり「使ってみて」とスマホを手渡しても、使いこなすことは難しいですよね。しかし、ほとんどの若者はいきなりスマホを手渡しても、スムーズに使いこなしてしまいます。

さらに他の会社での経験がある中途採用の人材の場合は、それが有益に働くケースもありますが、自分の経験則にこだわりすぎたり、口には出さずとも、以前の会社と現在の職場を比較し不満が出たりします。

中途採用の場合は、こうしたデメリットを抑えておく必要があるでしょう。

新卒採用を真剣に行わず失敗した社長さん

現在は、誰もが大学に行く時代となっています。

なんと直近の30年間で、四年制大学の数は、300校も増えているのです。

その分、短大は数を減らしているのですが、18歳人口は減っているにもかかわらず、大学の数は増えています。

ですから、大げさではなく、いまは大学に行こうと思えば誰でも行けるのです。

以前は大学生と言えば、将来の幹部候補という位置づけでした。

もしかしたら今でも、大学卒と言えば、世の中のエリートという見方をされている社長もおられるかもしれません。

しかし、先述したように今の四年制大学への進学率は、全国で５割となっています。全国の高校生の２人に１人は、四年制大学に進学している計算となります。

首都圏に限れば、大学進学率はもっと高くなります。

ですから巷には、いわばピンからキリまで、多種多様な大学生が存在しているのです。そして、このように多種多様な人材を迎え入れる時代だからこそ、小さな会社にもチャンスがあるのです。

過去にこんなことがありました。とある中小企業の社長は、

「同じ大学生なんだから、勉強なんてできなくてもいいんだ」

と、従来は成績や人物に糸目をつけず採用を行っていたのです。

ところが、ある時「どうにも優秀な人材が育たない」ということで、相談を受けた事例がありました。

そこで、広告やネット媒体等、トータルで新卒採用のお手伝いをしたところ、たいへん優秀な学生を採用することができたのです。

じっさいにその優秀な学生が入社し、仕事で結果を出すのを目の当たりにした社長は、「改めて新卒採用のメリットを実感した」と、感慨深げにおっしゃっていました。

世の中には素晴らしい学生がたくさんいる！

じつは、この出来事は、私にとっても新たな発見のきっかけでした。

中小企業の社長が、新卒採用のメリットを実感されるのは、こういう時なのだということが理解できたのです。

企業の経営者にとってみれば、じっさいに一緒に働いてみてこそ、新卒採用のメリットが浮かび上がってきます。

そして、この従業員が数十名あるいは十名以下の会社社長のように、新卒の持つ可能性をご存知なく、新卒採用に積極的でないかたが全国にあまたいらっしゃるという事実にも改めて気づかされました。

そのお気持ちもよく理解できます。なぜなら、新卒は人手不足の解消になりません。ある程度時間をかけて育てる必要があり、即戦力とはならないからです。

しかし、私はそういった社長たちにも、新卒採用をおすすめしてきました。

そして人手不足の解消をしたいという中小企業の社長にも、その期待に応えうるだけの人材を引き合わせてきました。

その結果、世の中に、素晴らしい若者がいることを実感された社長たちは、人材採用の大切さにも気づかれるようです。

第4章　自社への受入準備と採用情報の出し方

新卒の定着率が8割を超えた会社

じつは、この5年間で私がお手伝いした新卒採用の企業のうち、なんと過半数の企業で新卒社員の定着率が8割を超え、なかには全員定着するパーフェクトな企業もあります。

すべて従業員30名以下という小企業ばかりです。

この話をすると中小企業の社長さんは、ほぼ皆さん一様に驚かれます。

やはり中小企業では人材の定着が難しいことを実感していらっしゃるからでしょう。

小さな会社にとって、まずは新卒採用できるかどうかという第一関門があります。それだけではありません。採用した後、辞めずに働き続けてもらうという第二関門があります。

ですから、ただ採用をした段階では、成功だとは思っていません。

私のクライアント先で、新卒が辞めない理由の種明かしをすると、採用した会社側に、人材教育の充実や、社員の成長に力を惜しまない優れたシステムがあったからです。

採用した人材を「必ず将来、我が社の柱となる人材に」という人材育成ビジョンを基盤に、社長自らが自信をもって育てています。

ですから、初めて厳しい社会の荒波を受けた新卒の若者たちも、数々の試練に耐えてがんばり続けていけるのです。さらに、こうした社内体制を採っていることで、社長自身の実力も伸びる例をいくつも見てきました。

人を育てることは、当然、自分自身を研鑽することに通じます。

そして、育てられる側のスキルアップと、使う側の進展という相乗効果により、企業は大きくステップアップします。

新卒採用を通じてこそ、企業は強くなっていくのす。

まだ新卒を採用されたことのない小さな会社の社長さんには、ぜひ「新卒採用」という企業成長の秘薬を試してみていただきたいと思います。

まずは学生の動きを知ろう

中国の兵法書『孫子』に「彼を知り己を知れば百戦殆《あや》うからず」という言葉があります。

これは、相手のことを正しく知り、自分の実力を把握すれば、たとえ百回戦おうとも負けることはないという意味で、言い換えれば「相手の情報を正しく把握せよ」という教えなのです。

スポーツでもビジネスの世界でも同じですが、戦う前にはまず相手のことを知らなければなりません。つまり、新卒の就活においては〝学生の動き〟を知らないといけないということです。

大学生の就活に関する動きをご説明してまいりましょう。

入学したての大学1年生は、まったく就職のことは考えていません。

まずは、大学のキャンパスのこと、学生生活や履修する勉強のこと、友達づくりで頭がいっぱいです。

２年生も、１年生とさほど変わりはありません。就職はまだまだ先、というイメージを持っていることでしょう。

３年生になるといよいよ大学生生活も折り返し地点です。マラソンでも、ここからはゴールにむかって走ることになりますね。大学生も同じです。（大学生活も半分を過ぎたか）と思うと否応なく「その先」へと目が向くのです。同時に３年生になると、授業の中でも大学側が提供するキャリア教育講座が増えてきます。

今やどの大学でも、就職活動のノウハウや、業界研究、インターンシップの情報、資格取得など様々なプログラムを用意して、バックアップしています。

そうした講義に出席する中で、学生の中でも意識の高い学生たちは（あまりぼーっとしていると、この先の就職、そしてさらにその先の人生までも失敗するかもしれない）と将来に思いをはせるようです。

徐々に大学生の中でも「就職」に関する意識が芽生えてくるこの時期が、まず最初のターニングポイントです。このあたりから、一般的には、キャリア講座を4月、5月、6月と、だいたい月に1度の割合で3回ほど受けたタイミングで夏休みとなります。

夏休みという自由になる時間が訪れたことで、今まで受講してきた内容を振り返り、「企業研究でもしてみるか」と思い立つ学生が多いようです。

ですから多くの学生が、就職というイベントを大きく意識し始めるのは、現状では大学3年の夏だと考えればいいでしょう。

これまでぼーっとテレビCMで見ていたり、お菓子のパッケージでよく目にする会社が、将来、自分が働く企業になるかもしれない、という目で見始めるのです。

ただし、まだその時点では、ユーザーとしての目線が半分混じっています。

企業研究を始めるにしても、その理由が「本が好きだから講談社」「ゲームが好きだから任天堂」「車が好きだからトヨタ」といった感じで、学生たちの目の付け所はおおむね至って単純です。

企業側から言うと、一般マーケットに密接に関係しているメーカーや商社、小売店など、消費者認知度の高い企業は、学生が集めやすいと言えるでしょう。

大手企業の選考に漏れた学生が若干焦り始める時期……
小さな企業が学生に出会えるチャンスだ！

インターンシップは中小企業にとって最大のチャンス

大手企業が、ネットを通じてインターンシップ講座を開くとして、たとえば1回あたり20人募集したとしても、すぐ満席になります。

それを1回と言わず、何度も募集するのです。

皆さまご存知のとおり、現状、表向きは政府主導で就職活動の解禁が、3年生から4年生にかけての春休みの3月と定められています。

しかし、インターンシップは、その限りではありません。

おおよその業界の企業でも、就活解禁をさかのぼること7~8カ月前の3年生の夏休みの8月からインターンシップを行っています。

そして、解禁直前の2月28日までの間、インターンシップを通じて、企業と学生との接触が繰り返し行われています。

学生のほうは、やはり大手志向が根底にありますから、インターンシップでも、いわゆるテレビCMで見かけたり、株式上場しているような有名企業にまずは行ってみたいと思う気持ちが強いようです。

ところが、定員がありますから全員が参加できるわけではありません。運良くインターンシップ講座に参加できた学生は、それが刺激となり「他にも募集している企業はないだろうか」と、さらに別の企業を探しにかかります。

あるいは、選にもれた学生は、「他にどこか行けるところはないだろうか」と、こちらは若干焦りながら探すかもしれません。

ここが小さな企業が、学生にあえるチャンスとなります。具体的には、３年の夏から翌年の春にかけてです。

インターンシップに参加できなかった学生たちがネットで「どこか参加できる企業はないだろうか」と探している状態を釣りに例えるなら、魚が餌をちょんちょんとついてるところ。まるで水面の浮きが上下して、そのことを知らせているかのようです。そこを見逃す手はありません。

（1）具体的な準備と予算

それでは実際に、新卒採用をするにあたって、企業としてはどのように動けばいいのか、そしてどのくらいの予算を見積もればいいのかを時系列的にみていきましょう。

①前段階での準備

人材の将来展望を計画せよ

初めて新卒採用を考える会社なら、まず前段階の準備として、その人材の将来展望を考えておく必要があります。

入ってすぐは何もできませんが、のちのち営業職につけるのか、それとも技術を身につけさせたいのかといった将来の仕事の受け皿を作っておきます。

待遇や就業規則の見直し

次に、基本的な待遇、就業規則を見直します。

今、現在すでに働いている社員がいるはずですが、新卒が入るタイミングで改めて見直し、書類にまとめておいたほうがいいでしょう。

項目としては、勤務地、勤務時間、休日、休暇、給与、昇給、賞与といったところでしょうか。まず最初に新卒を受け入れるための条件や青写真をつくります。

入社案内パンフレットを作れ

次に〝入社案内〟を作ります。これは〝会社案内〟とはまったく別物です。

〝会社案内〟はすでに作っていらっしゃる企業も多いのですが、一般的な内容として、会社概要や製品案内といった情報が記載されています。

これに対して〝入社案内〟は、仕事内容をはじめ就業規則や福利厚生、教育制度や社長からのメッセージ、先輩たちの体験談といった内容を記載します。

そして意外と見落とされがちな大切なポイントがあります。

学生向けの文章で構成することです。

たとえば、相手と顔を合わせての社長の挨拶でも、学生向けと取引先相手では、内容や言葉の選び方も当然変わってくるわけです。

学生向けであれば、彼らに夢を持たせるような文章が好ましいと言えるでしょう。この会社に入ることで、自分が成長できたり、社会に貢献できる――そのように若者が希望を胸に抱ける内容で構成してください。

ではなぜ〝入社案内〟が必要なのでしょうか。

学生側に情報を正しく受け取ってもらうためです。

というのも、学生が集中して話を聞けるのは長くても1時間程度。しかも、すべての情報をきちんとメモしたり頭に入れておくことは、難しいと思われます。

その対応策として、〝入社案内〟を渡しておけば、学生が後でゆっくりと見ることができます。

会場では緊張して頭に入らなかった情報も、紙にまとめてあれば、自宅で落ち着いて読むことが可能です。

高価な「入社案内」は作成できなくてもよい。１００円均一の１０ポケットクリアファイルに、一部ずつ入れておけば見栄えのよい、オリジナルのものが完成する！

②リモート面接のコツ

コロナが社会生活に影響を及ぼした2020年。

この年の就活から大きく変わったことは、何だと思われますか？

それは、リモート面接が導入されたことです。

説明会や1次、2次の面接等は、企業の大小にかかわらず、ほぼリモートで行われるようになりました。

就活といえば、企業と学生が互いに直接顔を突き合わせて人となりを確かめるのが基本の世界でしたから、最初は私たちも戸惑いました。

しかし、コロナ以前にも海外留学している学生が現地からリモートで面接を受けているという事例があることを知っていたので、すぐにzoomを導入し、対応しました。

ただし、最初は当然のことながら手探りの状態でした。リモートでの対応は、まさに試行錯誤の繰り返しでした。

たとえば説明会。やはり直接、面談するのと違い、画面越しに話をするのでは、聞いてくれている学生の反応が把握しづらいのです。

そのため、画面のこちら側では、話をする担当者と学生の反応を見極める担当者と〝２人体制〟を取って学生の反応を伺うようにしたのです。

なぜ２人体制なのか。

こちらの話が伝わっているかを確かめ、学生の表情や反応を確認して、どれくらいこの企業に興味を持っているかを見極める目的も兼ねているからです。

というのも学生の中の「この企業に入りたい」という気持ちの尺度が目分量で５１％を超えていないと、せっかく受かっても内定辞退されてしまいます。

５０％ではダメです。たとえ１％でも気持ちの過半数を上回るべきです。

高い熱意をもった優秀な人材を採用してこそ、成功と言えるのです。

そのために私たちは、説明会の段階から学生側を見極めるよう工夫をこらしているのですが、実際に面と向かって話すのとリモートでは、その熱意の見極めが難しくコツをつかむまでたいへん苦労しました。

そのような中でもオンラインの説明会を数回こなすうちに徐々にコツがわかってきました。

せっかくですので、苦労の中からつかんだリモート対応のコツをお教えします。

オンライン説明会のコツは、「話し方」と「説明会の内容」それぞれ2つずつあります。話し方のコツは

・普段よりゆっくり話すこと。
・句読点を意識して区切ること。

画面越しですと、リアルの空間で感じられるような、話しの呼吸や話者の細かいニュアンスが伝わりにくいというデメリットがあります。

それを補うために、わかりやすさを意識して話すようにするといいでしょう。

ポイントは2点。

・リアルの説明会より時間は短めに。
・伝えたいことのエッセンスだけを話すようにする。

会社側の熱意を伝えたいと思うあまり、説明する側はいろいろな情報を伝えたくなりがちです。しかし、相手は社会のことをほぼ知らない学生です。

専門的で細かいことを言われてもおそらく理解が追い付かないでしょう。

それよりも初期段階では「もっと聞いてみたい」「これってどういうことなんだろう」というふうに学生側に疑問や質問の余地を持たせておくほうが得策です。

（２）効果的な採用情報の出し方

１．ネットの就活サイト

検索結果５０社以内をめざそう

さて、新卒募集を行うなら、まずは就活サイトに自社の情報を出すケースがほとんどです。

しかし、情報を掲載する際には、気をつけなければならないことがあります。

リクナビとマイナビには、それぞれ約１万社ものデータが掲載されています。このあまたある膨大な数の中から、自社までたどり着いてもらわなければならないのです。

これがアナログの本でしたら、最初のページから最後のページまでパラパラとページをめくっていくうちに、たまたま自社の情報が目に止まるかもしれません。

しかし、ネットの場合はそういうわけには参りません。

私達がネットで調べ物をする時と同じで、学生たちも1万社のデータの海へ、検索を羅針盤に漕ぎ出てくるのです。

大手企業なら名前でダイレクトに検索されることでしょう。

しかし、大手以外の99・7％の中小企業は、学生たちの検索にひっかかるような仕掛けが必要なのです。

検索の方法は、学生が自分の就職先を選ぶ条件として、何を重視しているかで決まります。

たとえば、どうしても働きたい業界がある学生は、不動産業界や、コンピュータ業界、レストランフード業界など、まずは業界検索から入るでしょう。ですが、具体的な「業界名」で検索したとしても、企業数はまだまだ多く500社などと表示されたりします。

もちろん５００社もの企業の情報をすべて閲覧する学生はいないでしょう。

つぎに働く場所にこだわる学生なら「所在地」検索から入ってくると思います。

営業職や事務職といった「職種」検索を重視する学生もいます。

するとヒットする企業は２００社くらいまで絞り込めます。

さらに「給料の額を××万以上」と絞っていくと１００社くらいまで減るでしょう。

こうした何回かの検索を経て企業数が減っていくのです。

弊社ではこれまで学生たちに対して「何社くらいまで絞り込みをしたらすべての会社のデータを見ますか？」と、アンケート等で確認してきました。

すると、どの学生もだいたい〝５０社〟くらいまで絞り込みができたなら、全ての会社のデータを見ると答えています。

ですから、まずはネット検索で〝５０社〟の中に残るのを目標とすべしなのです。

学生が検索するワードとは

具体的な方法をご紹介しましょう。

建物の壁に塗る塗料を作っているメーカーを例にとります。

まず、塗料のトップメーカーであるからと言って、「メーカー」の「建材」にだけ会社の情報を入れておくと、学生がまず「メーカー」をクリックし、そして次に「建材」とクリックしないと企業の名前を見てもらうことはできません。

そこで企業としては、もっと視野を広げる必要があります。

じつはこの会社は、塗料のメーカーなのですが、社内には塗料を使ったデザイン壁を考案するデザイナーがいます。それから壁面の設計をしている社員もいます。工務店からの依頼を受けて、家具を考案する社員もいます。

こうしたキーワードを使うのです。

「メーカー」の「建材」のみならず、「インテリア住居関連」「設計」「専門コンサルタント」等々、関連するキーワードを全部入れておけばいいのです。

そうすれば、まずは最初の数百社の中に必ず入ります。

検索ワードには「工夫」が大切。「本業」を表すものだけではなく「関連ワード」を入れておくのがコツ。こうして絞り込まれる“50社”入りを目指すのだ！

そして、学生が絞り込む際に、地名「〇〇県」で検索すれば、「〇〇〇」の「インテリア住居関連」には、必ず検索されて社名が表示されます。ここがポイントです。

たとえば、デザイン会社に行きたいと思っていた学生がいたとして、地元の栃木にはデザイン会社が少ないとなった時に、「県名・インテリア」で、ヒットすれば、「メーカーでもインテリアを扱っている会社がある。ここ面白そうだな」と思ってくれるかもしれません。

私は、かつてリクルートで働いていたので、学生たちの検索項目については、よく把握しているのですが、もっともよく検索されるのが「業種」と「所在地」です。

その次に「給料」「休日」「職種」が続きます。

「職種」が下位検索にくるのは不思議に思えるかもしれませんが、たとえば「営業」や「事務職」は、ほとんどの会社にあるため、そこを第一に検索しても、絞り込みができないのです。

デジタルネイティブとして育ってきた学生たちは、どう検索すればすぐ欲しい検索結果が得られるか熟知しています。

このような学生たちが検索しそうなキーワードを企業の情報の中に、ぜひ組み込んでおいてください。

2. たかが求人票、されど求人票

現在、６０代以上の社長さんなら、ご自身が大学生だった頃に、学校の就職課にびっしりと掲載された求人票を見て、会社選びをした記憶がおありかと思います。

ですから、この年代の社長さんのところに伺うと、

「就活といえば、まずは求人票だろう？」

と、おっしゃるのですが、これは間違いです。

じつは最近の大学生は、会社選びの手段としては、ほぼ利用しません。ゼロと言い切ってしまってもいいと思います。実際、私どもの会社にも「求人票を見て来ました」という学生はここ１０年で１人もいません。

そもそも大学で求人票を掲示するというスタイルが３０年以上前に消えてなくなりました。募集する企業の数が多すぎて、大学側が求人票をすべて貼ることが不可能だ

からです。

ネットの２大就活サイトで見てみると、片方のサイトだけで約２万以上の会社が募集をしています。２万以上もの求人票など、とうてい大学に貼りきれるスペースがありません。

またパソコンの普及により、現在では、大学側も求人票をすべてデータ化し、パソコン内で管理しています。

ただ、こういったデータは、リクナビやマイナビといった就活サイトに比べると、見づらいために学生が利用する機会は少ないようです。

では、大学に対して求人票を出す必要は全くないのでしょうか？

答えはＮｏです。求人票は出したほうがいいと思います。

大学に出す求人票が、最初のきっかけとはならないのですが、リクナビやマイナビといった就活サイトで検索して企業に興味をもった学生が
「うちの大学にあの会社から求人票が来てるかな」

と、チェックするケースがあるからです。

自分の大学にお目当ての企業から求人票が来ていれば学生も安心して次のステップへ進もうとします。余力があるなら、希望する大学だけに絞ってもいいので、ぜひ求人票を出しておきましょう。

第5章　インターシップで新卒採用を成功させよう！

インターンシップ開催は標準である

先述したように、正式な就活解禁は、3年生から4年生になる3月からとなっています。ただしもちろん協定にも〝抜け穴〟があります。

インターンシップや企業研究です。

こうした接触は、協定にふれることはありませんから、通常は3年生の夏休みから積極的に行う企業が増えてきます。

早い学生では、1年生や2年生でもインターンシップにトライするケースもあります。

新卒募集を行うなら、インターンシップを行うのが標準であると、考えていただいたほうがいいでしょう。

なお、インターンシップの入口は、ネットの就活サイトが主流となっています。具体的には、学生たちは、リクナビ（株式会社リクルート）とマイナビ（株式会社マイナビ）という二大就活サイトのどちらか、あるいは両方を利用しています。ですから、まずはここに自社の案内を出すことになります。

リクナビ、マイナビへの掲載料ですが、決して安くはない金額です。

しかし、これはいわば政治家が選挙に出るために必要なポスター代や選挙供託金と同じような物だと割り切ってください。

選挙に出るためには、まずポスターを貼って、選挙に出ているとアピールする必要があります。

新卒募集も同じです。就活サイトに掲載することが、企業にとっては、新卒採用戦線に立つ第一歩なのです。

ネット広告を工夫せよ

大学生をインターンシップに誘導するもっとも有効な手段とは何でしょうか？

ネット広告です。

今や学生たちが利用するのは１００％ネットの就活サイトですからここは外せません。これらのサイトから学生たちは、だいたい５０社以上を選んで企業研究をしています。

学生たちが研究しようと思う企業の一番目に選ばれる必要はまったくありません。

まずは学生が「行ってみようかな」と思う50社のうちの1社に入れば、それで十分です。

そのためには、ネット広告を工夫する必要があります。

まれに「自社のホームページでの告知でいいよ」と、おっしゃる社長さんもいらっしゃるのですが、それが通用するのは、大手企業のみです。

学生たちは、名前を知らない企業のホームページを見に来ることはまずありません。

ここで、学生たちを呼びこむ実例として、以前私が手掛けた思い切った手法をご紹介したいと思います。

準備段階での注意事項

さて、実際にインターンシップ学生を受け入れるための準備段階での注意事項を挙げたいと思います。

まずは、インターンシップの第1回目、学生を呼ぶなら、自社オフィスと社外のカフェ、どちらがいいと思いますか？

「インターンシップなんだから自社オフィスに呼ぶのが当然だ」

と、いうお声が聞こえてきそうですが、残念ながら不正解です。

会社の会議室や社内など、学生が緊張する場所に連れていかないほうがいいのです。

なぜなら、学生たちは、最初からこの企業にどうしても入りたい、という気持ちで来ているわけではありません。

その気持ちをぐっとこちらに引っ張ってくるのに、緊張感のある場所に連れていくのは逆効果です。

また、説明会の際には、大手企業のように何十人、何百人と集まるわけではありません。

これまでも、会社によっては、応募者が1人、２人というケースもありました。

そのような少人数相手に応接室で話して、学生たちは嬉しいと思うでしょうか？

おそらく居心地の悪い思いがすることでしょう。

そこでおすすめしたいのが、気楽に学生と接触ができるところを会社説明の場とし

最適な場所

インターンと お茶できるカフェ さがしてくれ
わら わら
はいっ!! わかりました ♪
へ〜っ!! ここが 人気のカフェか〜
予約 ポチっと ♪
インターンさま
部長 こちら で〜す
ぞろぞろ..
おお〜 いたいた
コスプレ カフェ
ラブリー
なんか〜
えっ
ココ!?
こちら で〜す
いらっしゃい ニャン♡

て使うことです。

たとえば、ホテルのロビーなどがおすすめです。

じっさいに私もよく使うのですが、相手の学生が２人くらいだと、学生もリラックスして話を聞いていますし、こちらも集中して話ができるので、とてもやりやすいと感じます。

ただこの場合、スクリーンやホワイトボードといったプレゼンテーション用のアイテムが使えないといったデメリットはあります。

しかし、データの見せ方ということに対して、私は若干の疑念がなくもありません。

というのも、もし大手であれば、きれいにグラフ化したデータを見せてＰＲするというやり方もありかもしれません。

しかし、中小企業の場合は、どれだけ素晴らしい数字が出ていたとしても、ただデータを見せるだけでは、学生に訴える部分が残念ながら薄いのです。

そもそも大手と同じやり方をしていては、負けてしまう可能性は高いでしょう。

学生たちの本音、こっそりお教えします

じつは学生たちが企業の人の前では、絶対に口には出せないけど、思っていることがあります。就活コンサルタントとして学生と話した時によく出てきた言葉です。

「あの、不思議なんですけど、中小企業が自社のことをすごくいい会社だとアピールしていますが、どうして規模が小さいままなんでしょう。問題がなければ、大手になっているはずですよね？」

これが学生の考え方です。

マーケットや隙間産業といった位置づけが、まだ学生には理解できないのです。ですから、小さな企業の場合は、データだけで企業の優良性をアピールするのではなく「会話」が重要となります。

会話とその内容で学生をひきつけるのです。それも、ただ漫然と説明するのではなく、学生の頭に残りやすいよう、ストーリーにして話すのがいいでしょう。

中小企業が持っている、プライドや歴史といった部分をストーリー化しつつ、なぜこの会社が世間から認められているのかという肝になる部分を語るようにします。

要は、話が終わっても相手の心の中に残るストーリーを作るのです。

■■社長の思いで採用に成功した実例①■■
「新卒への手厚い教育体制をアピールしたタクシー会社」

一般的にタクシー会社と言えば、どの企業でもお客様をタクシーに載せ、目的地までお届けするという、同じ業務内容となります。

ですから、企業間の差別化がはかりにくい業界です。

そうした横並びの中で、インターンシップで成功した会社は、何が魅力的な決め手になったのでしょうか。

結論から申し上げると、この会社の決め手となったのは、社長が会社の創業時から掲げていたポリシーでした。

その社長はかねてから「入社した新卒が一人も辞めたくならない会社」でありたいというポリシーを持っていました。

そこで、学生たちに対して、まず最初にそれを伝えることにしました。

ただし、言うだけなら誰にでもできることです。そのポリシーに従って実行し、結果を実現することが重要なのです。

しかし、ただでさえ人の入れ替わりが激しい業界です。

ですから、その会社では、新卒が辞めないためには、何が必要かを見極めるところからスタートしました。

そして、見えてきたのが、新人教育を充実させて新入社員の不安を解消するという方法でした。

私は学生たちを前に、その会社がこの方法を取り入れた経緯とその理由を事細かに語りました。以下、少し長くなりますが、私が学生たちに語った内容です。

「新卒でタクシー会社に入って、一番不安に思うことといえば、道が覚えられるかどうかと、いうことです。その不安を解消するために業界中、どこのタクシー会社でもやっているのが添乗です。添乗というのは、新人運転手が運転席に座り、隣の助手席に指導員という腕章をつけた上司や先輩が一定の期間、同乗してくれていろいろ教えてくれるというシステムです。これは、中途の場合でも必ずやっています。ところが、この会社の新卒の場合、『添乗』だけでなく『便乗』をやっているのです。『便乗』とは、ベテランドライバーが運転席に座り、隣の助手席に新人が乗るという方法です。じつはこれ、ほとんどの会社で行われてはいません」

と、業界の内情とこの会社の特長を語り、さらに具体的に学生たちに話をします。

「新人には、まずベテランドライバーの仕事を観察する機会が与えられます。そして、先輩ドライバーは客が降りたタイミングで『なぜお客さんにあそこでこう声をかけたのか、なぜこの道を選んだのか』といったことを詳細に教えます。

ある程度の期間、先輩のタクシーに便乗しおおよそ理解できたところで終わり、次に添乗へと進むので、ここでは新人の教育に通常の2倍以上の時間をかけていることになります。

手厚く教育を受けた上で、新人は現場に出られるのです。

現場に出たらそこで終わり、ではありません。

毎日仕事終わりに、レクチャーが行われます。

最初は昼間の乗務のみでスタートし、自信がついたところで、夜の乗務も開始し、レクチャーも1週間に1回となります」

そうした教育を6カ月間繰り返すところに力を入れている様子を学生たちに事細かに伝えました。

そして、学生たちに「なぜ、そこまでしていると思う?」と問いかけます。

学生たちが首をかしげたタイミングで、社長の思いを伝えます。

「タクシー会社に新卒で入社しても、辞める人が多い。残念なことに半分以上が辞めてしまっているんです。そこに乗り越えられなかった壁があったからです。収入自体は稼げる仕事だから、もしその人たちが辞めずに全員残っていれば、タクシー業界の将来展望は今とは違っていくはずです。今のタクシー業界は、若者不足という危機感を持っていますが、この辞める原因となる壁を取り除くことができれば、今の2倍のスピードで若者が増えてくる。業界がもっと活性化すると、この会社の社長はそういう目標を持っているのです。この業界のためにも若者が定着するシステムを、まず自分の会社で模範として取り入れている。そういう社長なんだよ」

と、伝えたのです。

おそらく学生たちの心には「俺たちが業界を変えるのだ」というその社長の熱い思いがしっかりと刻み込まれたに違いありません。

■■社長の思いで採用に成功した実例②■■

「無医村で開業に成功した調剤薬局」

東海地方にある調剤薬局の会社説明の例をご紹介しましょう。

この薬局の場合、「世の中を良くしたい」という社長さんの思いが会社を発展させていったことから、インターンシップでも学生たちに社長の起業への道のりから会社発展までの経緯をストーリー仕立てで話しました。

以下、学生たちに語った内容です。

「世の中に薬局がごまんとある中で、どうしてこの薬局が大きくなったのか、お話ししましょう。こちらの社長は、大学を卒業後、製薬会社に就職し、トップセールスマンとして活躍されていました。ところがある時、これは僕のやりたいことではないと気づいたそうです。就職前には見えなかったことが、働いてみて、実際は違うと気づいたと言います。

それは転勤の多さでした。じつは、製薬会社は、2年に1回転勤があります。ところが働く立場で考えてみると、2年ごとに転勤があったら、家を買うことはできません。子どもが生まれても2年ごとに転校をさせるのは、かわいそうだと思ったそうです。もともと社長は、一つの地域に根付いて、地元の消費者と信頼を育みたいと願っていました。そこでスパッと大手の製薬会社を辞め、一軒の薬局から起業をスタートしました。すると、地域密着型で親しみが持てる薬局だと地元で評判になりました。順風満帆な日々でしたが、そんな時、ひとつの運命的な出会いがありました。

地域医療に熱心なドクターとの出会いです。無医村に開業するというそのドクターの情熱に触発され、この調剤薬局の社長は、「何とか手助けしたい」と感銘を受けます。そして、そのドクターが開業する村で一緒にがんばることを決意します。じつは、このドクターは人望も厚く、名医と評判の人物でした。そんな名医が無医村に行くことで、地域の人も安心するだろうとそこで新たに薬局を構えることにしたのでした」

と、学生たちに話をしました。

でも、これで終わりではありません。

ここまでの内容でしたら単なる美談なのですが、どこか現実味が薄いように思われませんか？

そうなのです。

学生たちに「ホントに、すごい」と思わせることが大切なのです。

私はさらに学生たちに対して話を続けました。

「さて、新しい病院と薬局は、駅から車で２０分くらいの場所に作られました。けっして交通の便がいいとは言えません。そして、駅から離れているので、駐車場が必要です。開業当初は、5台分くらいの駐車場が用意されました。しかし、この無医村からだけではなく、お医者様の腕を頼りに、関東一円から患者さんが大量に押し寄せてくるので、たちまち駐車場が足りなくなったのです。1年後には、裏の畑を買って駐車場を20台分に拡張し、数年後にはさらに広げて、増加した患者さんの分まで確保することになりました。1つの病院と1つの薬局が村の姿を大きく変えたのです。こうして、この薬局は今、県内で坪当たりの処方せん枚数が、1位になっています」

と、こういう話が学生には響くのです。

医師が名医だとか、無医村に人が押し寄せるといった話題もいいのですが、学生には

「5台の駐車場が20台に拡張された」

といった切り口のほうが印象に残りやすいようです。

現地を見学に行くと学生が

「裏の駐車場見せてくれますか?」と、尋ね、

こんなインターンは嫌だ（１）

「ほんとだすごい」を連発しているようです。

いかがでしょうか？

社会人相手とは異なり、学生に対しては、本来の筋ではない話のほうが効果的な場合があるのです。


ここまで実例を見てまいりました。

自社のどこが学生の心に響くのか、そして、どのように話を展開させ、会話の中でどこを強調すべきなのか、皆様の会社に置き換えて考えてみてください。

おすすめのプログラム

次に、インターンシップでやるべき内容についてご説明します。

ずばり、実際に仕事の現場を見せるのがベストです。

この時、取引先の情報等、見せられる仕事と見せられない仕事があるかもしれません。

そのような場合には、簡単な作業等、見せられる仕事をうまくつくるようにします。

そして、3日間程度、インターンシップを行ううちに学生の素顔がわかってきます。

お昼ごはんを食べたり、移動の時間にコーヒーを飲んだりしながら、コミュニケーションを取れば、もうそれだけで、改めて面接をする必要はなくなります。

実際の就職試験の時は、形だけの面接ということになります。

なお、回数については、複数回行うことをおすすめします。

というのも、たとえば1日だけ、あるいは、2～3時間など短時間では、さすがに大学生の本来の姿を知ることはできません。

ですから、丸1日、あるいは半日などの、長めの時間かつ数日間行うべきです。

学生目線を知れ！

正直に申し上げます。

この項目をどうご説明すべきか、大変に悩ましいパートです。

と、言うのも、インターンシップのやり方は、企業ごとに大きく異なり千差万別だからです。

大手企業と異なり知名度が低い小さな企業の場合は、インターンシップが自社アピールの場となります。

学生に「この会社も魅力的だな」と思ってもらうことが大切なのです。

ですから、インターンシップは自社の魅力が最も伝わるやり方をすべきなのですが、その魅力はどこにあるのかというポイントを把握されていない企業は少なくありません。

あるいは、学生がインターンシップに来た時に、学生目線で興味を持つのはどんな部分なのかを理解することも難しいと言えるでしょう。

インターンシップの成否が、この後の採用活動に大きく影響しますから、私が、コンサルティングをする際にもっとも時間をかける部分でもあります。

まずは、いくつかこれまでの小さな会社での成功例をお示しさせていただこうと思います。業種や会社の規模が違っていても、参考にしていただけたり、取り入れていただけるアイデアがあると思います。

■■インターンシップに成功した実例①■■
「ランチタイムをとことん活用し、自社アピールしたホテル」

ホテルのインターンシップの場合は、学生が実際にフロントの中に入るわけにはいきません。

プライバシーが重視される場所ですから、学生がフロントの近くに立って従業員とお客様との会話を聞いているというのもスマートではありません。

そこで、私が考えたアイデアが、第1回目のインターンシップは、企業研究の一環として、ホテル業務に関係する本を用意するという方法でした。

インターンシップに来た学生に対して、１人に1冊ずつ本を配ったのです。

この時、本を選ぶのにも私が関わりました。学生が納得して読める内容で、かつ難しすぎない本をチョイスする必要があったからです。

インターンシップに参加した学生たちには1ケ月後に感想文を提出するよう促しました。これは、ちょうど2回目のインターンシップが行われるタイミングです。

学生たちは興味のある業界に関する本をもらえたことを少なからず喜んでいました。

そして2回目。きちんと感想文を書いてきた学生に対しては、自社ホテルのレストランでご褒美を兼ねてランチを提供したのです。

もちろん学生たちには大好評でした。

さて、ただ学生を喜ばせただけではありません。

本を配り、そのご褒美としてレストランでランチを提供したことに、どのような意図があったと思いますか?

第一に、学生たちと適度な距離感を保ったことです。最初の接触では、あくまで本を渡すだけにとどめました。

この時に企業側がよくやりがちなのが、初回であるにもかかわらず、ぜひとも入社して欲しいがために
「終わってから一緒に御飯を食べましょう」

などと誠意を見せすぎること。これは残念ながら踏み込みすぎです。

ところが、２回目の接触で、しかも本を読んでレポートを書かせたご褒美という体裁が整っていれば、学生たちも安心して、企業側の誠意を受け取ることができるのです。

このあたりは、本当に微妙なさじ加減なのですが、この方法を提案した時、ホテルの社長は感心して舌を巻いておられました。

そして第二の意図ですが、レポートにより学生たちの本気度と能力をはかることができるのです。まず、レポートを出してこない学生がいます。

こうした学生は、この会社に就職したいという気持ちが薄いと判断せざるを得ません。

いっぽう、きちんとレポートを提出した学生たちについては、彼らの文章を読むことで、その文章力、展開力がわかります。

ホテル業務に関する本を渡していますから、その本のどの部分に着目していたかという、本人の興味と読解力を把握することもできます。

さらに、提出期間に幅を持たせておくと、学生たちの性格もわかります。提出期間が始まるとすぐ提出する学生と、最後ギリギリのタイミングで出してくる学生がいます。

この時点では、どちらがいいというわけではありません。出された課題にすぐ取り組む性格なのか、あるいは慎重なタイプで、本を何度も読み返して、丁寧に書いてあるといった性格を推測することができるのです。

レポートの字があまりにも乱雑だったり、内容が薄い場合は、最後に慌てて書いた物だとわかります。

いかがでしょうか?

これだけである程度、学生の適性や性格を見抜くことができるのです。

まさに一石二鳥の手法だと言えるでしょう。

まだ終わりではありません。

ホテルでのご褒美のランチタイムをとことん活用します。

せっかく学生たちと一緒の時間をすごすのですから無駄にはしません。

ここで学生たちの人物を見ることもしますが、いっぽうで入社に向けて学生たちの気持ちを惹きつける仕掛けをします。

たとえば、食事をしながらメニューを示して、このメニューは厨房の誰がどのように考えているのかといった話題で関心をひいたり、和食のレストランであれば和服をキリッと着こなしつつサービスをしている先輩社員の姿に将来の自分の姿をイメージさせることもできるでしょう。

その際に「将来、一人で和服を着られたら便利だよね」といった学生にとって身近でわかりやすいメリットを語ることもポイントです。

また、こうした話題を振った際に「どの学生が目を輝かせて聞いているか」も確認しています。

ここはひじょうに大切なポイントですから、私が実際に現地に赴き、学生たちと話をしたり、様子を確認したりします。

企業側が3人採用したいのであれば、半年間の中で3人のおよそ3倍、9人を候補者とします。

その後、3回目のインターンシップ等を経て、最終的にどの学生を採用するかを絞り込んでいくのです。

■■インターンシップに成功した実例②■■

「工場見学にて入念な準備とリハーサルをした建築材料メーカー」

某素材メーカーの事例です。

事前に会社におじゃました時に、案内していただいた工場がとても素敵だったので、私はすぐに「これだ！」と思いました。

学生へのアピールポイントは、ずばり「工場」でした。

ですから第1回のインターンシップでは、学生をまず工場に案内しました。

この時は、学生3人が参加してくれました。

若手社員が３０分ほどかけて説明をしながら、工場見学を行いました。

もちろん漠然と見学を行うわけではありません。

事前に説明役の若手社員と準備リハーサルを行っています。

どこをどう回って、どの場所で、どんな話をしていただくか入念に打ち合わせをしました。

なお、トータル見学時間は、３０分間の予定でしたので、あらかじめ話す内容は、マニュアルを作ってお渡ししておきました。

入念な準備が功を奏したのでしょう。

若手社員も生き生きとした語り口で自社の魅力をアピールしてくれましたし、学生たちも身をのりだして話を聞いておりました。

見学後は、社員のかたには仕事に戻ってもらいました。

さてここから先は、最も重要なポイントです。

帰路にあたる最寄りの駅まで、学生たちを引率しつつ駅前の喫茶店でお茶を飲む段取りにしました。

学生3人とざっくばらんな雰囲気でお茶を飲みながら、学生側から会社に対する質問に答える時間を設けました。

百聞は一見にしかずと申しますが、じっさいにすばらしい工場を見学した直後でしたので、学生たちの意気も高く、活発に質問が飛び交いました。

場所が喫茶店という気安さもあるのか、学生たちもリラックスして会話もおおいに弾みました。

学生からの質問が終わったら、今度はこちらから彼らに対して工場見学でどんな感想をもったかを尋ねます。彼らの能力を見る時間です。

工場に対してどのような印象を持ったのか、興味を持った部分はどこなのか、このような質問を通して学生の観察力や思考回路、感性といった部分を探っていくのです。

いかがでしたでしょうか?　このように細心の注意を払って学生たちに対して自社のイメージアップをはかるのがインターンシップという場なのです。

学生たちとのコミュニケーションをどう作っていくのか、どのタイミングで学生の心を開かせようと働きかけるのか。

インターンシップを行う際は、そのような点もぜひ考慮していただきたいと思います。

自社のアピールポイントは？

私が手掛けたインターンシップの実例において、ホテルの場合は、レストランでの食事、メーカーの場合は工場見学といった最も魅力的な部分を体験してもらい、いずれも好印象を与えることに成功しています。

アイデア次第で、学生たちの興味を引いたり、企業の潜在的な魅力をアピールできることがおわかりいただけたかと思います。

ところで、いろいろな企業の社長さんにお話を聞くと、なかなか自社のアピールポイントが把握できないというお声をよく耳にします。

「うちなんか小さな会社だから、大手に比べてそんなに取り柄ないよ」

と、謙遜される社長さんは少なくありません。

そうおっしゃりたくなる気持ちはとてもよく理解できます。

日々、同じ空間に過ごしていると、どれだけ優れた物事でも当たり前に見えてくるものだからです。

たとえば、美しい観光地に住んでいる人たちにとっては、それが日常となってしまっているために、景観の良さが当たり前になっています。

いっぽう外から来た観光客の目には、初めて見るその街にしかない景観が目新しく魅力的に映るのと同じことです。

小さくても輝いている会社というのは、必ずどこかしらに魅力的な部分があるから、社会から信頼され存続しているわけなのですから。

我が社の特長

う〜ん‥ うちの会社の
特長かぁ…
求人広告→
新卒
特集
求人広告にのせる
わが社の特長を
考えてて‥
あっ
工場長
求人
広告
K島くん
何をなやんで
いるんだ?
ナルホド
輝いているところか‥
わが社の
輝いてるところを
PRしたら
どうかね?
しかし ココ
あついね
さっ
かがやいてるケド‥
なんも
考えねー
おや?
どーした??
ちらっ
ピカッ

第6章　思わず入社したくなる選考のプロセス

（1）説明会

インターンシップ＝会社説明会と心得よ

さて、いよいよ会社説明会の開催となるわけですが、その前にひとつ確認しておきたいことがあります。

それは、小さな会社の説明会は得てして、インターンシップの中で済ませてしまうケースが多いということです。

大手企業の場合は、就職協定がありますから、インターンシップと説明会を兼ねることはできません。

しかし、中小企業の場合は〝インターンシップ＝説明会〟だと思っていただいてもいいでしょう。

じっさい、やってることは、ほぼ同じなのです。

具体的には、まず会社のこと知ってもらうために概要を説明するところからはじめ、最後にインターンシップに関する話をしてもよいでしょう。

こんなインターンは嫌だ（2）

長すぎる話はＮＧ

説明時間の長さにも、配慮がいります。

長すぎるよりはむしろ聞く側が短いと感じるほうがいいでしょう。

一般的に人間は聞いている時よりも、喋っている時のほうが、時間が短く感じられるものです。

ぜひ、時計を確認しながら進めていただいて、トータルで６０分間が限界だと覚えておいてください。

質疑応答の時間を設けるなら、ご自分の話は４０分間で終わりましょう。

そして、できれば最初に、時間配分を告知しておくことをおすすめします。

そのほうが、学生も疲れませんし、集中して聞くことができます。

またオンライン説明会の場合は、さらに時間を短くします。

だいたい３０分間くらいで説明を終えるようにするほうがいいでしょう。

話が終わる時に、学生がもうちょっと聞きたかったなと感じてくれれば、それが成功です。

この段階では、学生を満腹にする必要はまったくありません。

逆に学生が「もういいです。十分です」と言ったら失敗です。

それは、疲れたという気持ちの裏返しなのです。

社長が出るべきタイミングとは

では、次に社長が学生たちと顔を合わすタイミングについて、私なりに考察したいと思います。

様々なタイプの社長さんとタッグを組んで、長年、お仕事をしてまいりましたが、学生と顔を合わせるにも、ひとそれぞれのタイミングがあるのだと気づきました。

最初から学生たちと積極的にコミュニケーションを取ればいいタイプの方もいれば、二度目以降に顔を出したほうがいい方、できれば最後まで出ないほうがいい方というケースもあります。

最後まで出ない方でも挨拶だけはすべきなのですが、だいたい時系列的に社長が顔を出すタイミングは3段階あります。

私の経験では、たとえば30代と若くてエネルギッシュ、頼れる兄貴のような雰囲気の社長さんは、最初から学生たちの前に顔を出していただくとうまくいきます。

30代と若いですから、先代の親のあとを継いだか、あるいは若くして独立したかのどちらかのパターンなのですが、親のあとを継いだ人でも、どこか創業者らしい雰囲気を持っている人が多いようです。

また、新しい事業を起こしたり、クリエイティブな才能を持っていらっしゃる人は最初から顔を出していただいて、学生たちに積極的に関わっていただいたほうがいいでしょう。

次に二度目以降に顔を出していただいたほうがいい社長さんの特徴です。

年齢的に40~50代と、学生と年齢が離れていて、なおかつ物腰がやわらかく威圧感がない方。

黙っていても人柄の良さが伝わるといった方は2回目以降に顔を出していただければいいでしょう。

最後に顔を出したり、挨拶だけで済ませても大丈夫というタイプの社長さんは、普段、学生と全く接していなくて、若者と接することに苦手感のあるかたでしょうか。経営者としては、見事な手腕があっても、若者は苦手という人も少なくありません。そういうかたは、年齢問わず、最後に顔を出していただいて、少ない時間で社長の存在感をアピールしていただければと思います。

ちなみに私の経験では、企業を支援する場合、学生と複数回顔を合わせて十分にコミュニケーションを取り、学生の方向性などを把握したうえで、このような雰囲気で会話してくださいと、あらかじめ個別にレクチャーをしています。

会社説明会は中身も場所も大事ですが、運営しながら学生たちを選ぶという多面的なものをもっています。

会社説明会は「場所」「話す内容」「時間の長さ」が大切で、大手と同じやり方をする必要はないということです。

■■説明会で学生の心をつかんだ実例■■

「育休制度がないのに、女子社員が長年の勤務を希望する広告会社」

会社説明会の質疑応答の際に、女子学生からかならず出る質問があります。

「結婚後や出産後も働き続けたいのですが、そのための制度は整っていますか？」という質問です。

いつものように女子学生から「結婚後や出産後に働き続けるための制度があるか？」という質問が出た時に社長は、しれっと答えたのです。

「うちには、ありません」

その場にいたすべての女子学生が「えっ」と、驚きました。

もちろん当然の反応です。

今や、どこの企業でも産休や育休、時短労働といった出産・子育てに配慮した制度を用意していますから。おそらく女子学生たちは、時代に逆行している企業だなと一瞬思ったに違いありません。

しかし、社長は続けて女子学生たちに語りかけたのです。

「そうした制度がないのは困りますよね、でも、安心してください。うちには、すでに結婚も出産も経験した女性社員がいます」

するとと女子学生たちは、不思議だという表情になります。

そこから社長は畳み掛けるように一気に事情を説明しました。

「なぜ、その社員が辞めずに仕事を続けられたと思いますか？　じつは、妊娠がわかった時に『うちの社には産休の制度がありませんが、どうなりますか？』と、相談に来たのです。そこで私は逆に問い返しました。『1年、2年、3年、期間は任せるから、あなたの希望を聞かせて』と。すると、彼女は『できれば1年が希望です。ただ倍率は高いが、区立の保育園に子どもを預けることができたら半年で戻りたい』と言ったので『わかった、保育園の結果を待って決めよう』と結論づけました。すると彼女が『ちなみに最長だったら何年までいけますか？』と、質問してきたので、『そうだなぁ小学校入学まではオッケーってことにしようか、最長5年でどうだ？』と、答えたのです」

ここまで説明した段階で、学生たちは目を丸くして驚いています。

学生たちの反応を見た後、社長は表情を改め、しっかりと主旨を説明しました。

「うちの会社には、産休や育休の制度はありませんが、全部オーダーメイドで作ります。制度というものは、あると安心です。しかし、逆にしばりを生む不自由なものでもあります。たとえば1年育休を取って、あとは両親に子どもの面倒を見てもらう予定にしていたところが、あてにしていた両親が体調を崩して頼めなくなったというような不測の事態が起こることだってありえます。ですから、その人に合わせて制度を作るほうが合理的だと思います。」

学生たちは、目を輝かせて聞いておりました。

さらに、子どもが急に熱をだした場合は、無条件で子どもを保育園に迎えに行ったり、子どもがそこまで体調が悪くなくて、社員が仕事をこなしたい場合は、なんと会社に赤ちゃんを連れてきていいというルールまで作っていたのです。

電話口でお客様から「赤ちゃんの声が聞こえてる」と、言われたこともあるようです。説明会では、社長自ら、そのあたりの実例も学生たちに説明しています。

「赤ちゃんの声がオフィスに響いていることで、取引先によってはいい企業だなと思ってくれるところもありますが、中には、変な会社だと思う企業もあるかもしれません。でも私たちの会社は、そういう会社なんです」

と、締めくくります。新卒に対する見事なひきつけ方でした。

ぜひ、ひとつの参考にしていただきたいと思います。

なお、説明会において学生から「結婚後や出産後も働き続けたいのですが、そのための制度は整っていますか？」という質問は必ず出ますので、皆様の会社でも予めその対策を想定されておかれるといいでしょう。

(2) 採用試験・面接

まず最初に申し上げたいのは、小さな会社の採用試験は、大手のそれとはまったく意味合いが異なるということです。

大手の採用試験というのは、応募者を絞り込んで落とす試験です。

大手では採用枠に何倍もの応募者が来るのですから、そういうスタイルになります。

面接でも、学生に自身のアピールポイントをたずねたり、志望動機を語らせたりしますが、中小企業ではそういう面接のしかたはまったくNGです。

逆に人手不足でどうしても入社して欲しいからといって
「君、ぜひ入社してくれないか。君なら将来は社長になれるよ」

などと、必要以上に持ち上げるのも考えものです。

というのも、学生にとってはいきなり「社長に」と言われても現実味がないばかりか、まだ入社してもいない自分がそこまで期待されるなんて、この会社には他に人材がいないのだろうかなどと、邪推される可能性まであります。

喉から手が出るほど欲しい人材だからこそ、執着心を見せすぎず、適度な距離感を保って相対することをぜひ心がけてください。

大企業とは違う選択眼で選べ！

インターンシップや会社説明会を経て、応募してきた新卒を絞っていきます。

そして､最終的に「この学生だ！」という一人を選ぶことになるのですが､その際、中小企業では大手企業とは一味違った選択眼が必要となります。

明らかに気働きが悪かったり、怠け癖がありそうだったりという人材は論外として、新卒を選ぶ時に、特に大切にしたい点があります。

「その学生と社長、あるいは社風との〝波長〟が合うかどうか」です。

なぜなら、社員数が少ない会社では、社長と社員たちが直接、顔を合わせて協働する機会があります。

その時に、波長が合わないと物事がスムーズに進みません。

ですから、様々な角度から学生を見ています。

もちろん、企業の社長からは、

「元気なやつがいい」「積極的に動いてくれる人材が望ましい」というような要望をいただくことがありますが、じっさいのところ、人間というものはそれほど一面的な存在ではありません。

人前では明るいけれど、内面が鬱屈している、などはよくあるケースです。

さらに言えば、事前の打ち合わせ段階で、社長から理想的な学生についてのキーワードがいくつか挙がりますが、最終的に社長が選ぶのは、「自分が気に入った人材」であることがほとんどです。

最初は社長は「明るい人材が欲しい」と言っていたはずなのに、最終的には「あの子は、すごく明るいというわけではないけど、何かいいんだよな」という感じで気に入った若者を選ぶのです。

人と人の間には、波長のようなものがありますから、こうした選択も当然の結果だと思います。

ただ、そのような中でもこれまであまたの社長が選んだ若者たちを分析してみると、その学生が
「信頼できるかどうか」

という点を共通のポイントとして感じています。

自社を惚れ込ませよ

そして、その学生が信用できるかどうかと、会社側が判断する材料として、「学生がどれだけ、自分たちの会社に惚れ込んでいるか」
ここが、決め手だったと思います。

ここまで、小さな会社が新卒を採用するための様々な方法について書いてまいりました。

企業側、学生側の両方から「就活」支援を行ってきた私の経験則や方法論をできるだけまとめました。

ぜひ、ご活用いただいて、ご自身の会社の新卒採用にお役立ていただければと思っています。

（３）入社後のフォロー

採用終了後も気を抜くべからず

中小企業の採用は、新卒を採用してそれで終わりではありません。

大手なら十数名から多いところでは何百人もの新入社員が入りますから、多少の新卒が辞めたとしても大勢に影響はありません。

しかし、小さな企業の場合は、少数精鋭で戦っています。

新卒が入ったとしても多くて数名程度、少ない企業ではたった一人の貴重な新卒というケースも普通に見受けられます。

そのため中小企業こそ、入社した金の卵を大切に温め、将来、会社を背負って立つ人材に育ててあげる必要があるのです。

しかし、じつは中小企業では、人材に余剰がないため、新人の教育システムが整っているという会社は、そう多くはありません。

大手なら人事部に新人教育専門の担当者がいたり、自社オリジナルの教育システムが整っていたりしますが、小さな会社では、そこまで余力を割けないというのが実情ではないでしょうか。

新人研修を外注せよ

そのような企業に私がおすすめしたいのは、新人研修の外注です。

じつは私どもでも、半年研修や1年研修、3年目研修など、ご依頼を受けて新人対象の研修を請け負っております。

この研修というのは、あくまで社会人としての心構えなど一般的かつどの業種や職場でも共通して必要になる部分です。

実務的な仕事のスキルについては、日々業務をこなす中で、自然と身についていきますから、私どもが請負うのは、それ以外の部分になります。

具体的には「どのような意識をもって仕事に相対するのか」「社内外の人とのコミュニケーションのとり方」などを半年や1年といった節目に再確認するという方法です。

入社後、半年や1年経ってくると、入社前に描いていた理想と、現在の自分の立ち位置がずれていると感じてしまうことがあります。

あるいは、日々の忙しい業務に流されるのみで、社会人としての成長を感じるシーンが乏しいと感じている新入社員もいるかもしれません。

そこで、社会人としての「理想的な形」を再認識してもらうために、大手企業が人材教育に使っているVTRや、著名人の若者向けの講演の映像を見せます。

そして、それらの映像を教材に、現在の自分に置き換えて自己分析したり、改善点はどこにあるのかといった内容で研修を行うのです。

社員全員へアンケートを実施せよ

最近、企業からのご要望が多いのが、社員全員にアンケートを実施して、そこから問題点を発見するという方法です。たとえば、新人に対して
「仕事への理解度はあがりましたか」

「先輩とのコミュニケーションはよくとれていますか」

といった30項目ほどのアンケートを実施します。

一方、先輩社員たちにも同様のアンケートを実施します。

そして、両者のアンケート結果から浮かび上がったギャップを拾い上げます。

たとえば、若い社員が「先輩とコミュニケーションが取れている」と回答しているのに、先輩は「コミュニケーションが取れていない」という結果となったら、なぜそ

うなったのか理由を分析します。

こうした分析結果により、すでに問題となっている人間関係の歪みや、仕事に対するモチベーション低下を引き起こしている原因が発見できます。

あるいは、今は顕在化しておらずとも、将来の懸念材料となりそうな不安要素を事前に把握できる場合もあります。

もちろんこうした研修を行ったからといって、新卒の社員が必ず育つ、あるいは絶対に辞めないといった保証にはなりえません。

しかし、こうした新人の研修を定期的に行うということは、会社が新人に対して期待しているというメッセージにもなります。さらに社内の風通しを良くしたり、教育された側のみならず教育をする側の人間の能力をも引き上げることができるのです。

第7章　今どき大学生の特徴・攻略方法を知る

学生の80%が未熟な21歳である

最後に、見落としがちであり、大切なことについて記しておきます。

社会を舞台に働いている大人が忘れがちな視点です。

それは、就活のために会社の門をノックする学生たちが、まだ弱冠21歳であるという現実です。

就活解禁が3年生から4年生に上がる春休みの3月ですから、解禁前にインターンシップで会社を訪れる学生、あるいは、解禁直後に会社説明会に来る学生の大半が20歳をこえたばかりの年齢なのです。

大学の入学枠が増えたことで、現在、浪人して大学に入る学生は、少なくなってきています。ましてや日本では、飛び級なんて存在しないに等しいでしょう。

ですから、皆様がファーストコンタクトする学生のほとんどが21歳であると言っても過言ではありません。

ところで、皆様はこの年齢の若者の気持ちについて、どの程度把握されているでしょうか?

今どきの若者たちは、背丈は大人と同じくらいです。

男子はパリッとした雰囲気でスーツを着用し、女子もしっかりお化粧をしていますから、見た目は大人です。

そして、こちらがしゃべれば同調したように頷きますし、重要なことを説明すれば、きちんとメモも取るでしょう。

外見からは、まるで社会人と同じように見えるのです。

ところが、２１歳という年齢を改めて考えてみると、ほんの3年前までまだ高校生だったのです。

そこから受験や大学の講義、課題の提出などにより、勉強はできるようになったかもしれませんが、人間的な成長を促す場がなかったというのが、正直なところです。

私自身１８歳の時に何を考えていたか振り返ってみますと……何も考えていませんでした。

もちろん、背伸びして就活をしました。実際に社会に出てからの自分が当時の自分を振り返ってみると、見た目は大人でも中身は薄くて、ほとんどハリボテでした。

採用のミスマッチが起こる理由

ただ、最近の学生たちは、アルバイトで対人的な仕事の経験がある人も多いですから、表面上は、そつなくコミュニケーションを取りますし、本人たちは、社会を知っているつもりになっています。

また大学では、普段、教授や講師など、教養があり、社会的な地位も高い人と会話しています。

そのような環境下で、経済や化学の知識といった専門的かつ最新の知識を積み上げていますから、中には、自ら意識せずともそうした話題で自分を有能そうにカモフラージュしてしまう学生もいます。

このような学生を見た企業側の人間が、さすが大学生だと相手を過大評価してしまうと、入社後に本人の能力より高いレベルや、こなせない量の仕事を割り振ってしまうといったミスマッチが起こらないとも言えません。

彼らの見た目に騙される、とは申しません。しかし、外見は立派な大人でも、中身はまだまだと考えて接する必要があります。

難しい内容の会話をうなずいて聞いていても、じつは理解していないということもありえます。

インターンシップに来た学生に対しては、かんでふくめるよう説明し、懇切丁寧に教え導くことが肝要です。

今どき学生たちは素直

昭和世代の社長さんから見ると、今どきの学生の気質は自分たちの若い頃と比較して、かなり変わってきたと実感されるのではないでしょうか？

今の学生たちは、とにかくまじめで素直です。

大学で出会う学生たちは、見た目もこざっぱりとキレイですし、おしゃれでセンスがいい若者が多いという印象です。

授業にもきちんと出席しますし、言ったことはよく聞きます。

ただし、指示していないことは、やりません。

私自身は団塊の世代より下の人間ですが、大学生の頃にはそこまで真面目には授業に出ていませんでした。

私の同級生の中には、授業に出なかったことを誇りに思って吹聴している学生もいたくらいです。

パッケージ化された学生たち

今の学生たちが、素直で真面目である理由を私なりに分析すると、それは彼らがパッケージ化された環境下で育ってきてしまっているからではないかと思うのです。

たとえば小学校の入学準備の際には、家具屋では学習机にライトや本棚、デスク下のマットなどあらゆる物がセットされて販売されています。

文房具店でも、入学セットと称して、ノートや鉛筆、下敷きや筆箱といった物が1つの袋にパッケージされています。

遠足のお菓子だって同じです。スーパーに行けば、ガムやアメ、スナック菓子などが1つの袋にパッケージされています。

私たちの子どもの頃には、遠足ともなれば100円玉を2枚握って近所の商店に行き、どれとどれを買えば２００円以内に収まるのかと、頭を使ったものでした。

でも、今の子どもたちは予め便利な物が用意されていて、それをパッと買うだけで事足りてしまうのです。

そこには創意工夫の余地が生まれません。

子どもたちが自分で考え、決断したり、比べて選択する機会が損なわれています。

その結果、うまくいって喜んだり、失敗してガッカリしたり、でも次の機会にはもっとうまくやろうと再挑戦するような経験を社会が奪っているのです。

現代の学生の特徴

教育界などでは、「創意工夫や感性を大切にしよう」とよく言われます。

ただ、そこで取り扱われる創意工夫や感性は、音楽や絵画など、芸術のものだと勘違いしているきらいがあります。

本当にそうでしょうか？

じつは営業の世界やサービスの現場でも、創意工夫や想像力は必要です。

専門的すぎる学生は…

インターンの人？ 工場見学へ ようこそ!!
私、「たまかい」と 申します。 大学では 物理学を …
細井
ちらかってるケド ごめんね。♡
エントロピーの 増大ですね!!
ガトッ
細井
ポイッ!!
ぐらぐら
上に 投げちゃえ
コペルニクス的 発想の転換ですね
ガラガラ ドーン
ゲシュタルト 崩壊ですねっ
ムズカシイ ことばされ オレの心が崩壊だよ

私たちが日頃こなしている仕事はむしろ創意工夫と感性をフル回転している状況です。

じっさいに社会で会社の舵取りをされている社長さんたち、皆様も同じではないでしょうか？

日々起こる想定外の出来事をどう処理するのか、創意工夫や感性を働かせながらお仕事をされているはずです。

ところが、パッケージ化されて育ってきた学生たちにとってみれば、ものを作っている会社なら開発、小売店なら販売、ホテルならサービスといった具合に、会社の業務内容を表層的にしか捉えることしかできないのです。

開発に至るまでの準備や根回し、販売する物品の見せ方やお客様とのコミュニケーションの方法といった点にまでは、なかなか想像が及びづらい、そこが現代の一般的な大学生の特徴だと考えていただいていいでしょう。

ペーパー試験で見抜けない部分

ただし、大学生にも個人差はあり、キラリと光る学生がいます。

たとえば、仕事に関して1つのことを教えたら、それに付随する4つや5つものエッセンスを自ら理解する学生や、逆に自分から「このようなやり方はどうでしょう」と提案したり、仕事をするということに関してセンスを見せる学生はたしかに存在します。

その違いはいったい何か。

私はその差異を見極めようと模索し、学生たちを観察したり、彼らと密にコミュニケーションを取る中で、ある時気づきました。

一般的な学生と、光る学生の違いは、家庭環境の違いに起因するのではないかと。

学校で提供される教育は良くも悪くも画一的です。

都会であれ離島であれ、国から示された学習指導要領に従って、どこで教育を受けても同じ機会が与えられるようになっています。

全国津々浦々、小学6年生や中学3年生では修学旅行に行き、中学2年生では職業体験として地域の企業や施設等で仕事を体験します。

ところが家庭教育は、千差万別です。

挨拶のしかたや、お礼の伝え方、人の話の聞き方、学ぶということに対する心構え――こういったマナーの基本は、家庭で自然に身につけていくものです。

また、花を見た時に美しいと思う心や、他人の気持ちに寄り添う感性といった情操的な部分も家庭での影響を大きく受ける部分なのではないでしょうか。

同じ２１歳の若者たちでも、そこに差がでるのです。新卒採用の過程では、そこを見抜いていかなければなりません。

学生と、ある程度長い時間を共に過ごすインターンシップの重要性が、この点でも、おわかりいただけるかと思います。

ペーパー試験では決して発見できない部分を学生との触れ合いの中で見抜く必要があるのです。それは、面接という画一的な場面だけでは無理です。

さて、ここまで人材採用コンサルタントである私の４０年に及ぶ経験を様々な形で皆様にご提示してまいりました。

皆様の会社の新卒採用のお役に立つ情報が少なからずお届けできたのではないかと思っています。

皆様の中の「新卒を採るのは難しそうだ」という思い込みを解消できたなら、それは人材採用コンサルタントにとって最高の喜びです。

あとがき

移り変わりの激しい人材採用市場

あとがきとして、私の仕事の根幹に関わる部分をご紹介できればと思います。

じつは、現在の人手不足を反映してか、今や人材採用マーケットは、かつない活況を呈しております。

新興のコンサルタントを名乗る業者も数多く、また消えていく業者も少なくありません。

そのような中で、私はたくさんの企業様とお付き合いさせていただき、40年もの長きに渡って、業界人として働いてきました。

これほど移り変わりの激しい人材採用業界ですが、常に心がけていることがあります。

それは、ひとえに「学生のつかみ」だと自己分析しています。

学生の中にも様々なタイプの人材がいて、彼らをつかみながらもその会社に有利な人材かどうかといった人物の素材を厳しくチェックしています。

時には、企業の会社説明を終えた後に学生たちの人生相談に乗ったり、時には時間の使い方をアドバイスしたり、雑談の中でも彼らの適性や将来の伸びしろといった部分を把握するよう心がけています。

こうしたことが可能になった背景には、大学で就活講座の講師を勤めた経験が糧になっています。

その際に、たくさんの学生との交流を通して今時の学生の意識や内面に迫ることができたのも大きかったと思います。

学生と企業の出会いをプロデュース

私の場合は、企業にとって、最適な学生の採用のお手伝いをすることがすべてです。

ですから、いくら学生本人が

「ぜひ、この会社に入りたい」と希望しても、合わないと思ったら勇気をもって断ります。

その結果として、長年にわたり、優秀な学生と素敵な企業の橋渡しという幸せな仕事をさせていただいていることを誇りに思っています。

皆様の会社も同じだと思いますが、結局のところ、いい仕事をすることが、次の仕事へ繋がります。

本来出会うことのなかった学生と企業を結びつけ、そこから新たな社会のエナジーが生み出される、それはなんとも夢のある物語です。

ところで、様々な企業の社長様から褒めていただくことがあります。

それは、私と弊社があらゆる会社の学生に対するPRポイント、言い換えればその会社の輝いている点を探すのがとても上手いという点です。

しかし、言い換えれば、日本の元気な中小企業は、もともとどこかしらに輝くものをお持ちなのです。

ただ、それに気づいておられないだけなのです。

「なんだ、この会社には、こんなに素敵な〝うり〟があるじゃないか」

と、なるのです。

「自社のＰＲポイントはどこにあるのか？」

「どうすれば新卒に自社の魅力をアピールできるのか？」

いままで気づいておられなかった御社の魅力を探し出すことは可能です。

最後に再度、お伝えしたいと思います。

小さい会社は新卒が採れないというのは逆で、小さい会社ほど新卒を取ることができます。

ぜひ、新卒という宝の山を探しに参りましょう。

著者プロフィール
内田ひろし
大学卒業後、（株）日本リクルートセンター（現：リクルートＨＤ）入社。首都圏の各営業所に於て採用企画、営業を担当し、１９８５年独立のため円満退職。採用コンサルタント会社を設立し、現在に至る。

E-mail：ANC54142@nifty.com　　右記 QR コード→

小さな会社こそ新卒をとりなさい
～学生が思わず入社したくなる人材採用戦略～

２０２４年10月４日　第１刷発行
著　者――内田ひろし
発行者――高木伸浩
発行所――ライティング株式会社
〒 603-8313 京都市北区紫野下柏野町 22-29
TEL：075-467-8500
発売所――株式会社星雲社（共同出版社・流通責任出版社）
〒 112-0005 東京都文京区水道 1-3-30
TEL：03-3868-3275

執筆協力：三木真弓　高橋実里
編集協力＆イラスト：安井美佐子
印刷製本：渋谷文泉閣

ISBN978-4-434-34752-8 C2063 ¥1500E